W0087413

NEUE AROMEN FÜR DEN ALLTAG

Natürlich hat jeder sein Lieblingsessen, das er seit Jahren immer auf die gleiche Weise zubereitet. Aber andauernd nur essen, was man ohnehin schon kennt, das kann auf Dauer langweilig werden. In welche Trickkiste kann man greifen, wenn man im Alltag neue Geschmackserlebnisse auf den Teller bringen möchte, für umständliche Kochexperimente allerdings weder Zeit noch Lust hat? Die Lösung: Clever würzen! Dann verströmen vertraute Gerichte plötzlich nie gekannte Düfte aus vielen Regionen der Welt. Sie zaubern ohne zusätzlichen Aufwand aus altgewohnten neue Gerichte mit ihrer eigenen persönlichen Note. Das gelingt am besten mit unverfälschten, hochwertigen Einzelgewürzen. Die folgenden Top-Ten eröffnen den Weg zum mutigen Würzen.

Die 10 wichtigsten Gewürze

 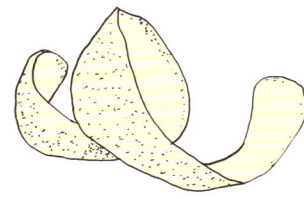

1. PFEFFER

Gehört in: die Pfeffermühle und bereichert frisch gemahlen jedes herzhafte Gericht! Denn in gepfefferten Speisen schmecken wir nicht nur die Schärfe, sondern auch den natürlichen Geschmack der Zutaten intensiver als sonst. Schwarze, weiße und grüne Körner stammen von derselben Pflanze, der Unterschied liegt im Reifegrad der Körner. Einfach ausprobieren, was einem am besten schmeckt.
Harmoniert mit: allen anderen der 10 wichtigsten Gewürze.
Überraschend gut: zu frischen Erdbeeren und zu warmer Milch mit Honig.
Praxistipp: Ganz fein gemahlenen Pfeffer zum Abschmecken verwenden, grob gemahlen aus der Mühle am Tisch anbieten.

2. ZITRUSSCHALEN

Gehören in: Obstkuchen und -desserts, Reis- und Grießbrei, helle Saucen und Möhrengerichte. Zitronen-, Limetten- und Orangenschalen passen sowohl in süße als auch in herzhafte Gerichte.
Harmonieren mit: fast allen frischen Kräutern, Chili, Knoblauch, Kreuzkümmel, Muskat und Senf.
Überraschend gut: in Brühen und Fonds. Ein Stück Zitronenschale, das am Schluss für einige Minuten im Topf zieht, verleiht Fleisch- und Geflügelbrühen würzige Frische.
Praxistipp: Ein Geheimtipp für simplen Eintopf, für einfache Suppen und schlichte Gemüsegerichte ist die Gremolata, eine klassische italienische Kräutermischung, die aus gehackter Petersilie, Knoblauch und abgeriebener Zitronenschale gemischt wird (siehe Seite 25).

3. CHILI

Gehört in: alle feurig-scharfen Gerichte und lässt sich durch kein anderes Gewürz ersetzen. In fein abgestimmter Dosis machen frische, entkernte und zerkleinerte Schoten, getrocknete Schoten, Chiliflocken oder fein vermahlene Pulver die Zunge keineswegs taub, sondern im Gegenteil besonders feinfühlig und regen das Geschmacksempfinden an.
Harmoniert mit: Paprika, Vanille, Pfeffer, Minze.
Überraschend gut: in Schokolade und in mit Honig gesüßten Gerichten.
Praxistipp: Chilifäden sind ziemlich geschmacksneutral und nicht als Scharfmacher, sondern eher als Deko zu benutzen.

 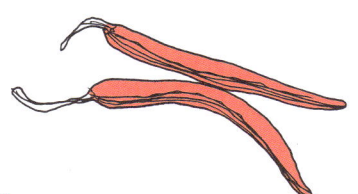

4. GEWÜRZPAPRIKA

Gehört in: jedes Gulasch, in die Schaschliksauce, in den Liptauer Käse und in die spanische Chorizo-Wurst. Auch gut zu Bratkartoffeln und -hähnchen.
Harmoniert mit: Chili, Ingwer, Kreuzkümmel, Knoblauch und Koriander.
Überraschend gut: zu Ziegenfrischkäse, Käsefondue oder Käsesauce.
Praxistipp: Helle Cremesuppen, Quark- oder Frischkäse-Dips erhalten einen hübschen Deko-Effekt und einen geschmacklichen Kick, wenn man eine kleine Menge Butter oder Öl erhitzt, etwas Paprika einrührt und den kräftig roten Mix über die Speisen träufelt.

5. LORBEERBLÄTTER

Gehören in: Sauerkraut, in die Fleischbeize von Sauerbraten und Wild und in Fischmarinaden. Frische Blätter aromatisieren Osso buco, Tomatensaucen und -suppen.
Harmonieren mit: Zitrusschalen, Gewürznelken, Zimt, Salbei, Senf und Thymian.
Überraschend gut: in Apfel-, Rhabarber-, Kürbis- und Pfirsichkompott.
Praxistipp: Lorbeer setzt sein Aroma nur langsam frei, für mehr Aroma oder bei kurzen Kochzeiten die Blätter ein- bis zweimal bis zur Mittelrippe anreißen.

 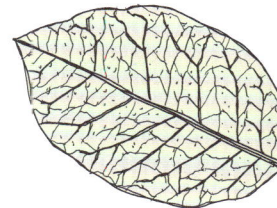

6. KÜMMEL

Gehört in: bodenständige Spezialitäten, z. B. in herzhafte Kohlgerichte, bayrischen Schweinebraten und süddeutsche Brotgewürze. Die intensiv duftenden Körnchen sind wegen ihrer verdauungsfördernden Wirkung beliebt. Raffinesse verleihen sie dem Kochsud von Hummer, Langusten und Krebsen.
Harmoniert mit: wenigen anderen Gewürzen, am besten mit Zitrusschalen, Dill, Fenchel und Anis.
Überraschend gut: fein zerstoßen oder gemahlen in Apfelkuchen, zusammen mit Meerrettich zu Rote-Bete-Salat und im Apfelkompott für Reibekuchen.
Praxistipp: Zum Würzen bei Tisch Kümmel mit Fenchelsamen und Korianderkörnern in eine Gewürzmühle füllen und für Gemüsegerichte und Eintöpfe nutzen.

7. INGWER

Gehört in: viele asiatische Suppen und Currys, Honigkuchen und Chutney. Fein gehackte Wurzeln frischen fruchtige Desserts und Saucen auf.
Harmoniert mit: Gewürznelken, Kardamom, Kurkuma, Kreuzkümmel, Zimt, Koriandergrün und Zitrusschalen.
Überraschend gut: in Sauerkraut und Rotkohl, Geflügelbrühe und Birnenkompott, Panna Cotta, Apfelkuchen und Schokoladenpudding.
Praxistipp: Wer nur den würzig-frischen Geschmack, aber keine Ingwerstückchen im Essen haben möchte, presst gehackten Ingwer in einer Knoblauchpresse aus oder füllt die Ingwerstücke in einen Tee-Aufgussbeutel, der nach dem Kochen entfernt wird.

8. ZIMT

Gehört in: den Zimtzucker zum Bestreuen von Milchreis, Pflaumen- und Apfelkuchen und in alles „Weihnachtliche" wie Lebkuchengewürz, Glühwein und Zimtsterne.
Harmoniert mit: Kakao, Muskat, Tonkabohnen, Kardamom, Safran, Chili und Salbei.
Überraschend gut: in Saucen von geschmortem Lammfleisch und gebratenem Wildgeflügel, in Tomatensuppen und -saucen.
Praxistipp: Gemahlenen Cassia- und Ceylon-Zimt mischen. Das vereint die typischen Aromen und steigert den Genuss.

9. MUSKAT

Gehört in: Kartoffelpüree und -gratin, Blumenkohl- und Kohlrabigemüse, Béchamelsauce und andere helle Saucen.
Harmoniert mit: Kardamom, Koriander, Kakao, Lorbeer, Liebstöckel, Wacholder.
Überraschend gut: in Zabaione, Milchshakes und Caffè Latte.
Praxistipp: Muskatnüsse nicht direkt in die dampfend heiße Speise reiben, sonst verklebt die Reibfläche durch die aufsteigende Feuchtigkeit.

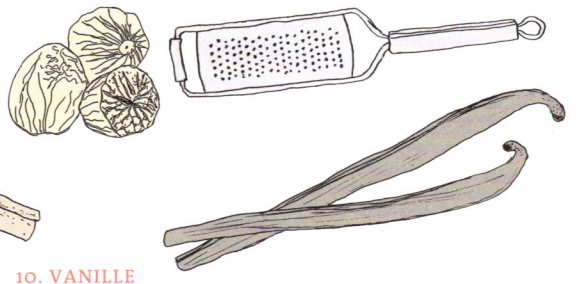

10. VANILLE

Gehört in: Vanilleeis und -pudding, in alle Kuchenteige und fast jede denkbare Süßspeise und Konfitüre.
Harmoniert mit: Zimt, Nelken, Ingwer, Rum, Zitrusschalen, Kakao, Chili, Pfeffer, Kardamom.
Überraschend gut: in herzhaften Kohlgerichten und in chilischarfem Schmorfleisch, in Vinaigrette, im Kochsud von Garnelen und hellem Fischfilet.
Praxistipp: Ausgekratzte Vanilleschoten nicht wegwerfen. Entweder für Vanillezucker in Stücke schneiden und mit Zucker gemischt in ein Schraubglas füllen. Noch besser: Die Schoten trocknen und mit Zucker vermischt im Blitzhacker zu super intensivem Vanillepuderzucker verarbeiten.

Für Einsteiger: Tipps für die perfekte Würze

Die Leidenschaft für Gewürze lebt von köstlichen kleinen Unterschieden, die es zu entdecken gilt. Das liegt vor allem an der Vielfalt der ätherischen, also leicht flüchtigen Öle, die das Aroma der Gewürze und Kräuter bestimmen. Sie können aus Hunderten von Einzelsubstanzen bestehen, erst ihr Zusammenspiel betört unsere Sinne.

Perfekt würzen lernt man durch Ausprobieren und Erfahrung. So bekommen die Lieblingsgerichte mit der Zeit eine ganz eigene Note. Denn feste Regeln gibt es nicht, nur Anregungen:

• Gewürze nicht zu hoch dosieren. Wird eines zu dominant, bleibt wenig vom Charme des Grundprodukts übrig. Sein Geschmack soll nicht überdeckt, sondern hervorgehoben, ergänzt und unterstützt werden.

• Einsteiger beginnen besser mit wenigen Gewürzen und kleinen Mengen. Also abschmecken, nachwürzen und wieder probieren. So entsteht langsam ein Gefühl für ideale Dosierungen und der Eigengeschmack der Zutaten wird nicht übertönt.

• Damit nichts vom Reichtum der Geschmacksnuancen verloren geht, die Gewürze erst kurz vor der Anwendung selber frisch mahlen, reiben oder im Mörser zerstoßen. So öffnen sich die Zellen der Gewürze, setzen die ätherischen Öle frei und das Aroma kann sich entfalten.

• Einige Gewürze wie etwa Wacholder-, Pfeffer- und Pimentkörner, Nelken und Lorbeerblätter brauchen lange, um sich voll zu entwickeln, und gehören von Anfang an in den Topf. Die meisten anderen Gewürze besitzen leicht flüchtige Aromen und würden sich durch langes Kochen verändern oder buchstäblich verdampfen. Vor allem gemahlene oder fein zerkleinerte Gewürze erst kurz vor Ende des Kochvorgangs zugeben, damit ihr spezielles Aroma erhalten bleibt.

• Hackfleisch, verschlagenes Ei für Rührei, Pfannkuchen- oder Reibekuchenteig lassen sich roh nicht gut abschmecken. Wer die Mengen noch nicht im Griff hat, sollte diese Mischungen erst einmal sparsam würzen und dann eine kleine Menge kurz in der Pfanne oder in der Mikrowelle garen. So kann man erkennen, wie das fertige Gericht später schmecken wird, und wenn nötig nachwürzen.

• Aromatische Körner wie etwa Fenchel, Senfsaat, Bockshornklee oder Kreuzkümmel entfalten ihr Aroma besonders gut, wenn sie unter stetigem Rühren 2 bis 4 Minuten bei mittlerer Temperatur in einer Pfanne angeröstet werden. Die Zeit vom ersten Aufsteigen aromatischer Düfte bis zum Verbrennen der Körner ist oft sehr kurz. Einsteiger lassen die Pfanne deshalb besser nicht zu heiß werden.

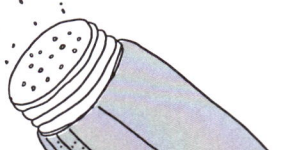

Würzmischungen selber machen

Im Supermarkt bekommt man eine Reihe von fertigen Kräuter- und Gewürzmischungen, darunter Klassiker wie Curry und Provence-Kräuter, aber auch Fantasiemischungen wie Südafrika-Gewürz und Asia-Wok-Gewürz. Würzmischungen lassen sich aber auch ganz leicht selbst herstellen. So wissen Sie sicher, was in den Mischungen enthalten ist und können sie genau nach ihrem Geschmack zusammenstellen. In Apothekergläschen oder Weißblechdosen verpackt, bleiben sie mehrere Monate haltbar. Nur Mischungen mit Nüssen oder Samen sollten nach 3 bis 4 Wochen verbraucht sein.

1. KRÄUTER DER PROVENCE (FRANKREICH):

So wird's gemacht: Von getrocknetem Thymian, Rosmarin, Oregano und Bohnenkraut je 1 EL verwenden. Dazu nach Geschmack ein fein gehacktes Lorbeerblatt und je ½ EL Basilikum, Majoran, Estragon, Kerbel, Liebstöckel, Salbei, Fenchel und Lavendelblüten untermischen.
Passt zu: den typischen mediterranen Gemüsegerichten, besonders zu Tomaten, Zucchini und Auberginen, aber auch zu Omelett, Bratkartoffeln und zu Frühlingsgemüse mit Béchamelsauce (Seite 17).

GEWÜRZE EINKAUFEN: WORAN ERKENNT MAN QUALITÄT?

Vor allem am Duft. Riecht ein gemahlenes Gewürz verlockend, ist das schon einmal ein gutes Zeichen. Unverfälschte Gewürze duften und schmecken intensiver als gestreckte oder überlagerte Ware. Das Herkunftsland ist ebenfalls wichtig, weil die Inhaltsstoffe je nach Sorte und Standort erheblich variieren. So stammen die besten Pfeffersorten von der indischen Malabarküste, exquisiter Kümmel aus Finnland, die intensivsten Muskatnüsse aus Grenada und feinster Kardamom aus Kerala oder Guatemala.

Geprüfte Ware

Hierzulande prüfen Hersteller Kräuter und Gewürze schon bei der Anlieferung auf Verunreinigungen und Belastungen. Dann wird die Ware in mehreren Stufen gereinigt, schonend getrocknet und – falls nötig – vermahlen. Hochwertige Gewürze sind oft erst einmal teurer, aber sie machen sich bezahlt, weil sie Sicherheit bieten, intensiver schmecken und man von ihnen weniger benötigt als von Billigware.

FAZIT *Kräuter und Gewürze nehmen im Schnitt nur rund 1 Prozent der Kosten für ein gutes Essen ein, aber sie können entscheidend dafür sein, ob es uns schmeckt oder nicht. Die Sonderangebote von fliegenden Händlern auf Wochenmärkten lieber links liegen lassen.*

2. GOMASIO (JAPAN):

So wird's gemacht: 4 EL Sesam in einer Pfanne ohne Fett bei mittlerer Hitze rösten. Wenn die Körner beginnen, in der Pfanne zu springen und würzig duften, auf einen Teller geben und abkühlen lassen. 1 gestrichenen Teelöffel Meersalz in einen Mörser geben und fein zerreiben. Dann den Sesam zugeben und gemeinsam so gut es geht zermahlen, dazu den Stößel rotierend im Mörser bewegen. Zum Würzen von Fisch und Meeresfrüchten kann noch ein fein gehacktes Nori-Algen-Blatt untergemischt werden.
Passt zu: Asiatischen Gemüse-, Tofu- und Nudelgerichten und Suppen, aber auch in Salatsaucen und Dips, auf Gemüsegratin oder Quarkbrot und zur Blumenkohlsuppe (Seite 128).

3. DUKKAH (ARABIEN UND AFRIKA):

So wird's gemacht: 4 EL Nüsse, z. B. Haselnüsse, Cashewnüsse oder Pinienkerne, in einer beschichteten Pfanne ohne Fett anrösten, bis sie duften. Aus der Pfanne nehmen, etwas abkühlen lassen. 2 EL Sesamsaat, je 2 TL Korianderkörner, Kreuzkümmel und Pfeffer in der Pfanne anrösten. Die Gewürze fein mahlen oder mörsern. Die Nüsse nach Geschmack fein oder grob hacken und mit den Gewürzen und 1–2 TL Salz mischen. Wer mag, gibt noch je 1–2 TL Fenchelsamen, Paprikapulver oder getrockneten Thymian dazu.
Passt zu: Fladenbrot mit Olivenöl zum Stippen, zu Fisch und Fleisch, aber auch zu Pastagerichten und Rohkostsalaten, wie z. B. Waldorfsalat (Seite 81).

4. PANCH PHORON (INDIEN):

So wird's gemacht: Je 2 EL schwarze Senfsamen, Schwarzkümmel, Fenchel, Kreuzkümmel und Bockshornklee mischen. Die gewünschte Menge zu Beginn des Kochens in etwas Butter, Butterschmalz oder Öl anrösten, bis es duftet.
Passt zu: Fisch-, Gemüse- und Linsengerichten, aber auch in Salatsaucen, zu Würzbutter zum Braten von Geflügel und Garnelen oder zu Croûtons für einen fruchtigen Blattsalat (Seite 99).

5. HAWAYIJ (JEMEN):

So wird's gemacht: ½–1 EL Pfeffer und Kardamomkörner mit 1 EL Kreuzkümmel in einem Mörser fein reiben. 2 TL Kurkuma und 1 Döschen (0,1 g) gemahlenen Safran unterrühren.
Passt zu: Gemüsegerichten, Cremesuppen und in der Sauce von geschmortem Fleisch, aber auch zu Bohneneintopf mit Birne (Seite 72) und anderen herzhaften Gerichten mit einer süßen Note, etwa durch Obst oder Honig.

6. FÜNF-GEWÜRZ-MISCHUNG (CHINA):

So wird's gemacht: Je 1 EL Fenchel, Szechuanpfeffer oder schwarze Pfefferkörner, ½ EL Nelken und 2 ganze Sternanis im Mörser oder im Blitzhacker fein zerkleinern, dann 1 EL Zimtpulver untermischen.
Passt zu: Geflügel, Gemüsecremesuppen und Schmorgerichten mit Rind- oder Schweinefleisch, auch in Marinaden für Steaks und Spareribs. Sehr lecker in einer Gemüse-Fleisch-Pfanne mit Yin-Yang-Sauce (Seite 121).

Samen, Früchte, Gewürzzubereitungen – Was ist was?

Bei dem vielfältigen Angebot in Internetshops und Läden kann man schon mal die Orientierung verlieren: Hier ein Überblick.

1. EINZELGEWÜRZE

Wir verwenden sie solo oder mit anderen gemischt wegen ihres Gehaltes an Duft- und Geschmacksstoffen. Es gibt keine Zutatenliste, weil es außer dem auf der Packung genannten Gewürz keine weiteren Zutaten gibt.

Samen und Früchte
Paprika, Pfeffer, Piment, Vanille, Muskatnuss, Kümmel, Sternanis, Kardamom, Wacholderbeeren

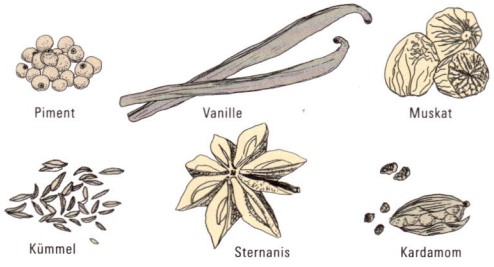

Piment   Vanille   Muskat

Kümmel   Sternanis   Kardamom

Wurzeln
Ingwer, Kurkuma, Meerrettich, Galgant

Galgant   Meerrettich

Blätter (Kräuter)
Bohnenkraut, Basilikum, Oregano, Thymian, Lorbeer, Majoran, Estragon, Salbei

Bohnenkraut   Basilikum   Oregano

Lorbeer   Majoran   Estragon

Blüten
Nelken, Safran, Kapern

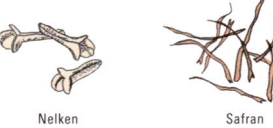

Nelken   Safran   Kapern

Rinde, Schalen
Zimt (Cassia-Zimt und Ceylon-Zimt), getrocknete Zitrusschalen

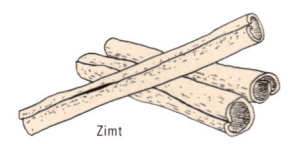
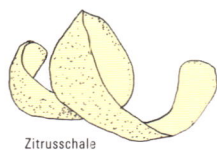

Zimt   Zitrusschale

Gewürzmischungen

Gewürzmischungen bestehen zu 100 Prozent aus Gewürzen, sie können getrocknet oder als Paste angeboten werden. Typische Gewürzmischungen sind Curry, Bunter Pfeffer oder Kräuter der Provence.

Gewürzzubereitungen

Sie bestehen aus Gewürzen und anderen geschmacksgebenden Komponenten und tragen Namen, die auf ihre Verwendung hinweisen. Es müssen mindestens 60 Prozent Gewürze enthalten sein, oft werden zusätzlich Gewürzaromen verwendet. Die Produkte heißen z. B. Kräuterpfeffer, Buscetta-Gewürzzubereitung oder Gewürzzubereitung für Bratkartoffeln.

Gewürzsalze

Diese Mischungen von Speisesalz mit einem oder mehreren Gewürzen und anderen würzenden Komponenten müssen mindestens 15 Prozent Gewürze enthalten und bestehen zu mehr als 40 Prozent aus Speisesalz.

Gewürzaromazubereitungen

Bei diesen Produkten sind die Gewürze teilweise oder vollständig durch Aromen ersetzt worden.

Gewürzaromasalze

Auch hier spielen Aromen die Hauptrolle: Die Gewürze werden teilweise oder vollständig durch Gewürzaromen ersetzt. Sie enthalten mehr als 40 Prozent Salz.

Würzen

Diese flüssigen, pastenförmigen oder trockenen Erzeugnisse sollen den Geschmack von Suppen, Fleischbrühen und anderen Gerichten positiv beeinflussen. Sie werden durch Hydrolyse von eiweißreichen Stoffen hergestellt. Klassiker sind Maggiwürze und Brühwürfel.

Würzmischungen

Sie bestehen überwiegend aus Speisesalz, Zucker und Geschmacksverstärkern und werden vor allem in Großküchen verwendet. Je nach Produkt sind Hefe, Gemüse, Pilze, Gewürze, Kräuter oder deren Extrakte enthalten. Streuwürzen sind streufähige Würzmischungen.

TIPP *Fertige Gewürzmischungen sind eher Notlösungen für alle, die den Reichtum der individuellen Aroma-Küche noch nicht entdeckt haben. Stellen Sie lieber ihre eigenen Mischungen nach Ihrem persönlichen Geschmack zusammen. Wie einfach das geht, lesen Sie auf den Seiten 8 und 9.*

BEQUEM PER POST

Beim Lesen der Rezepte werden Sie hier und da auf Kräuter und Gewürze stoßen, die Sie im Laden um die Ecke nicht bekommen. Die größte Auswahl gibt es in Gewürzshops im Internet. Einfach das Stichwort „Gewürze kaufen" in die Suchmaschine eingeben, bestellen und auf die Post warten.

Gut aufbewahren

Gewürze und getrocknete Kräuter bleiben jahrelang würzig, wenn man sie richtig aufbewahrt. Dabei spielt die Verpackung eine große Rolle. Beim Einkauf hat man die Wahl zwischen Plastik, Glas und Weißblech.

Gewürze im Beutel

Oft bestehen die Tüten aus Polyethylen, einem Kunststoff, der den Inhalt zwar vor Feuchtigkeit schützt, aber die ätherischen Öle, die das Aroma der Gewürze bestimmen, entweichen lässt. Zellglasbeutel – man erkennt sie am raschelnden Geräusch, wenn man sie anfasst – schützen zwar die ätherischen Öle, lassen aber Feuchtigkeit hinein. So verpackt, können Gewürze bei längerer Lagerdauer schimmeln. Auch Vakuumbeutel aus Verbundfolie (Polyamid/Polyethylen) bieten nur guten Schutz, solange sie fest verschlossen bleiben.

Kaufen und umfüllen

Beutel sind preiswert und leicht, aber für die längere Lagerung ungünstig. Deshalb die Gewürze nach dem Kauf gleich umfüllen und den Inhalt von größeren Packungen mit Freunden teilen. Ideal für Gewürze und oft ohnehin im Vorrat: Gläserne Schraubdeckelgläser. Entweder beschriften und mit Datum versehen, oder die Verpackungsfolie des Beutels so zurechtschneiden, dass man sie als Etikett auf das Gläschen kleben kann. Klare Gläschen gehören in die Schublade oder in den Schrank. Setzt man sie dem Tageslicht aus, verändern die UV-Strahlen die Farbe der Gewürze, zerstören Vitamine und beeinflussen die Würzkraft erheblich. Wer trotzdem seine Gewürze gern als Blickfang ins offene Regal stellen möchte, kauft entweder braune

Apothekergläschen, die gegen Licht schützen, oder Blechdosen, die im Internet von vielen Gewürzhändlern gleich mitangeboten werden.

Keine Chance für Krabbeltiere

Blechdosen lohnen trotz des etwas höheren Preises. Sie bewahren hochwertige Gewürze auch langfristig vor geschmacklichen Veränderungen, denn sie schützen gleichzeitig vor Feuchtigkeit, Oxidation, Licht und nicht zuletzt auch vor Insektenbefall. In jedem Fall sollte man die Vorräte an einem trockenen und nicht zu warmen Ort unterbringen. In der Nähe des Herds entsteht zu viel Feuchtigkeit und Wärme. Gewürze lieber in einem Schrank unterbringen, der von Wärmequellen möglichst weit entfernt ist.

NOCH GUT ODER WEG?

Ein abgelaufenes Haltbarkeitsdatum heißt nicht, dass das Gewürz weg muss. Es lohnt sich aber, die Bestände regelmäßig durchzuchecken: Hat ein Gewürz seinen typischen Duft verloren? Riecht es dumpf, chemisch oder muffig? Dann am besten umgehend in die Abfalltonne damit. Bilden fein gemahlene Gewürze beim Schütteln des Behälters Bröckchen und rieseln nicht mehr gleichmäßig, könnten sie Feuchtigkeit aufgenommen haben – und sind eventuell von Pilzen befallen. Auch in diesem Fall gilt: Weg damit!

Die wichtigsten Geräte

Wer sich ins feine, ausgeklügelte Würzen verliebt hat, kauft keine fertig gemahlenen Gewürze, sondern zerkleinert sie selbst, und zwar kurz vor dem Gebrauch. So fängt man das ganze Bukett mit allen Duftnuancen ein, nichts verfliegt oder verändert sich. Außerdem lassen sich ganze Gewürze viel länger aufbewahren und selten genutzte Sorten bleiben lange verbrauchsfähig.

Mörser

Hat man erst mal seine Leidenschaft fürs kreative Würzen entdeckt, kommt dieses älteste aller Küchengeräte immer häufiger zum Einsatz. Es lohnt sich, ein großes Exemplar aus Stein oder Porzellan zu kaufen und ihm einen festen Platz auf der Arbeitsplatte einzuräumen. Dicke, schwere Mörser stehen sicherer und rutschen nicht so leicht weg wie Leichtgewichte. Die Innenseite des Mörsers und die Reibefläche des Stößels sollten rau sein, damit die Gewürze beim Zerreiben oder Zerstampfen nicht wegspringen. Ideal ist ein Mörser für Pfeffer, Nelken, Piment, Fenchel, Kümmel, Kreuzkümmel, rosa Pfefferbeeren und Senfkörner.

Blitzhacker

Die schnell kreisenden Messerchen der Elektro-Hackmaschinen zerkleinern größere Mengen frischer Kräuter, aber auch Wurzeln wie etwa Ingwer oder Galgant und Nusskerne perfekt und schnell. Per Impulsschalter kann man den Zerkleinerungsgrad von grob bis fein steuern. Je öfter man drückt, desto feiner hackt die Maschine den Inhalt. Blitzhacker, auch Messermühlen genannt, gibt es als Einzelgerät oder als Aufsatz für verschiedene Stabmixer. Am besten kein zu großes Gefäß wählen, sonst gelingen kleine Gewürzmengen nicht. Beim Einkauf beachten: Je schärfer die kreisenden Messer, desto schonender werden Kräuter und Gewürze zerkleinert.

Hightech-Reibe

Auch wenn ein Dutzend Varianten angeboten werden: Man braucht nur eine einzige Reibe, wenn sie handlich und superscharf ist. Im Gegensatz zu früher sind die Küchenreiben heute extrem scharf, weil die Schneiden chemisch geschliffen (geätzt) werden. Sie zerkleinern das Reibgut nicht nur exakter und schneller als herkömmliche Exemplare, die Ausbeute ist auch größer und der Kraftaufwand kleiner. Wer nicht unnötig viel Equipment anschaffen möchte, kauft eine feine Zestenreibe. Durch die vielen scharfen „Zähnchen" auf ihrer Reibefläche ist sie vielseitig geeignet – sie reibt Muskatnüsse, Tonkabohnen, Parmesan, Ingwer, Schokolade und raspelt die Schale von Zitrusfrüchten in verbrauchsgerechte Schnipsel.

Mühlen

Sie werden zum Würzen bei Tisch gebraucht. Pfeffermühlen stehen heute schon fast in jedem Haushalt. Doch sind nachfüllbare Mühlen auch für Kümmel, Kreuzkümmel, Fenchel, Kardamom und Mischungen verschiedener Gewürzkörner geeignet. Der Lebensmittelhandel bietet auch Gewürze in Einwegmühlen an. Besser ist jedoch eine nachfüllbare Mühle. Preiswerte und gut funktionierende Exemplare werden immer mal wieder beim Discounter und regelmäßig in Möbelhäusern angeboten. Wer mehrere Mühlen haben möchte, kauft am besten solche mit einem durchsichtigen Korpus.

Nutzen Sie die abgezupften Blätter vom **THYMIAN** oder ganze junge Triebe. Für Hobbygärtner: Auch die zarten rosa Blüten schmecken köstlich.

ESTRAGON duftet zart nach Anis und Fenchel. Geben Sie die feinen Blättchen erst ganz zum Schluss zum Essen.

Die Knospen des **KAPERN**busches werden in einer Essiglösung oder in Salz eingelegt. Die kleinen „Nonpareilles" gelten als besonders aromatisch.

Aromatisch fein und mit leicht rauchigen Noten: **PIMENT D'ESPELETTE** ist eine moderat scharfe Chilisorte aus dem französischen Baskenland.

LINSENEINTOPF TRIFFT FENCHEL

Duftende Würze vom Mittelmeer

Riechen, schmecken und genießen: Die Küchen rund ums Mittelmeer sind uns vertraut – aus dem Urlaub oder vom Lieblingsrestaurant an der Ecke. Abseits von Pasta und Paella gelingen auch zu Hause köstlich-sonnige Kreationen, das Kochen brauchen Sie dafür nicht neu zu lernen: Mediterrane Gewürze und Kräuter verleihen auch vertrauten Lieblingsgerichten wie Linseneintopf, Kasseler Braten, Zwiebelkuchen und Ofengemüse aufregend neuen Charme.

Machen Sie es wie Südfranzosen, Italiener und Spanier: Nehmen Sie duftende Mittelmeerkräuter, einen Hauch Knoblauch, etwas Zitronenschale, getrocknete Tomaten oder eine Prise Chili. Mit wenigen Handgriffen und etwas Know-how entstehen neue Gerichte zum Verlieben.

In weiten Teilen Südfrankreichs gedeihen Thymian, Rosmarin, Oregano, Majoran, Lorbeer und Bohnenkraut sogar am Straßenrand. Zusammen mit Lavendel geben sie Frühlingsgemüse einen aromatisch frischen Touch.

FRÜHLINGSGEMÜSE MIT PROVENCE-BÉCHAMEL

40 Min.
Pro Portion (bei 2)
220 kcal

1 Blätter der Kräuter von den Stielen zupfen, klein hacken und beiseitestellen. Die Milch in einen Topf geben, Lorbeerblätter einmal bis zur Mittelrippe einreißen und zusammen mit Bohnenkraut und den Stielen der Kräuter zur Milch geben. Einmal aufkochen, Hitze reduzieren und bei geschlossenem Deckel ziehen lassen, bis das Gemüse fertig vorbereitet ist.

2 Zuckerschoten putzen und eventuell halbieren. Kohlrabi, Möhren und Spargel schälen. Spargel in 4 cm lange Stücke, Kohlrabi in Stifte schneiden, die Möhren längs vierteln.

3 200 ml Wasser mit je einem ¼ TL Salz und Zucker aufkochen, Kohlrabi, Spargel und Möhren 10 bis 12 Minuten knackig garen. In den letzten 2 Minuten die Zuckerschoten zugeben.

4 Das Gemüse abgießen, die Brühe dabei auffangen. Das Gemüse auf einer Platte anrichten und bei 80 °C im Ofen warm halten.

5 Butter in einem kleinen Topf erhitzen, das Mehl unterrühren. Die Kräutermilch durch ein Sieb gießen und dazugeben. Unter ständigem Rühren aufkochen. Nach und nach so viel Gemüsewasser zugeben, dass eine sämige Sauce entsteht. 3 Minuten köcheln lassen. Die gehackten Kräuter zugeben und abschmecken. Die Lavendelblüten über das Gemüse streuen und zusammen mit der Sauce servieren.

INFO Als vegetarisches Hauptgericht zusammen mit Frühkartoffeln reicht das Essen für 2, als Beilage, z. B. zu Putenbrust oder Lachsfilet, für 4 Portionen.

Für 2–4 Portionen

Je 1 Stiel Rosmarin, Thymian, Oregano und Majoran (oder je ¼ TL getrocknete Kräuter)

200 ml fettarme Milch (1,5 % Fett)

2 Lorbeerblätter

½ TL getrocknetes Bohnenkraut

200 g Zuckerschoten

1 kleiner Kohlrabi

4 schlanke Möhren

200 g weißer Spargel

Salz, Zucker

1 EL Butter

1 EL Mehl

½–1 TL Lavendelblüten

Pro Portion (bei 2)
9 g E * 8 g F * 26 g KH

Mostarda di frutta werden die italienischen Senffrüchte genannt, die zu Käse oder Fleischgerichten gereicht werden. Die süß-scharfe Würze, die dieser Sauce nachempfunden ist, ist der Clou für den

SALATWRAP
PROSCIUTTO

20 Min.
(+ 10 Min. durchziehen)
Pro Portion
414 kcal

1 Eisbergsalat waschen, trocken schleudern und in feine Streifen schneiden. Aprikosenkonfitüre mit Zitronensaft und Senfpulver verrühren.

2 Die Wraps mit Frischkäse bestreichen, darauf den Salat verteilen, dabei rundherum einen Rand von etwa 2 cm frei lassen. Den Schinken darauflegen, mit der scharfen Konfitüre bestreichen und mit den gehackten Nüssen bestreuen.

3 Die Ränder der Wraps etwas einschlagen, fest aufrollen und in Klarsichtfolie oder Butterbrotpapier wickeln. Die Enden vom Papier wie Bonbonpapier zusammendrehen. Mindestens 10 Minuten im Kühlschrank durchziehen lassen.

4 Die Rollen in der Mitte schräg durchschneiden und erst danach auswickeln.

INFO Zum Mitnehmen die Wraps eingewickelt lassen.

Für 2 Portionen

50 g Eisbergsalat

2 EL Aprikosenkonfitüre (möglichst ohne Stücke)

1 EL Zitronensaft

½ TL Senfpulver

2 Wraps (à 60 g)

3 EL Frischkäse (13 % Fett absolut)

100 g Kochschinken in dünnen Scheiben

20 g Walnusskerne

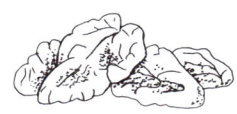

Pro Portion
20 g E * 15 g F * 47 g KH

Typisch für die spanische Küche ist das würzige Paprikapulver „Pimentón de la Vera". Die vollreifen Schoten werden über Eichenholz geräuchert und dann gemahlen. Das Pulver gibt es mild (dulce) und scharf (picante).

OFENGEMÜSE MIT MEDITERRANEM DIP

Für 2 Portionen

300 g Kartoffeln

2 Zwiebeln

2 Knoblauchzehen

2 Paprikaschoten
(z. B. gelb und rot)

1 Zucchini

2 EL Olivenöl

2 TL flüssiger Honig

½ TL Salz

2–3 TL geröstetes Paprikapulver
(Pimentón de la Vera)

150 g Naturjoghurt (1,5 % Fett)

50 g Frischkäse (13 % Fett)

50 g getrocknete Soft-Tomaten

50 g schwarze Oliven

Pfeffer

Pro Portion
12 g E * 15 g F * 43 g KH

1 Den Backofen auf 200 °C vorheizen.

2 Kartoffeln, Zwiebeln und Knoblauch schälen, Kartoffeln und Zwiebeln in Spalten, Knoblauch in Scheiben schneiden. Paprika putzen, Kerne und Stiel entfernen und das Fruchtfleisch würfeln, Zucchini putzen und in Scheiben schneiden.

3 Öl mit Honig, Salz und Paprikapulver in einer ausreichend großen Schüssel verrühren und das Gemüse unterheben. Auf einem mit Backpapier belegten Blech verteilen und auf der mittleren Schiene 35 bis 40 Minuten backen.

4 Joghurt und Frischkäse glatt rühren. Die getrockneten Tomaten und die Oliven würfeln und unterheben. Den Dip mit wenig Salz und Pfeffer abschmecken und zum Gemüse servieren.

VARIANTE Auch Kürbis, Süßkartoffeln und Möhren schmecken auf dem Blech gebacken.

INFO Wer den Räuchergeschmack vom spanischen Pimentón de la Vera nicht mag, verwendet eine Mischung aus edelsüßem und rosenscharfem Paprikapulver.

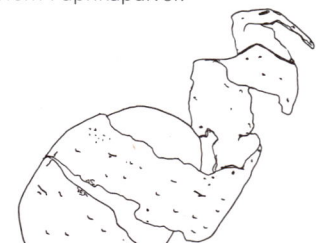

In Süditalien genießt man seine Spaghetti gern „alla puttanesca", mit einer Tomatensauce, die herzhaft mit Chili, Anchovis, Kapern und Oliven gewürzt ist. Außer zur Tomatensauce schmeckt diese Würzmischung auch zum

KARTOFFEL-BROKKOLI-STAMPF ALLA PUTTANESCA

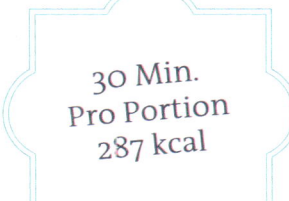

30 Min.
Pro Portion
287 kcal

1 Kartoffeln schälen und würfeln, Brokkoli putzen und in Röschen teilen. Den Brokkolistiel schälen und würfeln.

2 Kartoffeln und Brokkolistielwürfel in kochendem Salzwasser 20 Minuten garen, nach 10 Minuten die Röschen zugeben.

3 Zwiebel und Knoblauch schälen und fein hacken. Anchovis abtropfen lassen und in feine Streifen schneiden. Oliven vom Stein schneiden und zusammen mit den Kapern grob hacken.

4 Olivenöl in einer beschichteten Pfanne erhitzen, Zwiebeln, Knoblauch und Anchovis darin 4 Minuten glasig dünsten, die Anchovis zerfallen dabei. Wein oder Brühe, Chili, Oliven und Kapern zugeben und erhitzen.

5 Kartoffeln und Brokkoli abgießen und mit dem Kartoffelstampfer nach Wunsch grob oder fein zerdrücken. Die Milch unterrühren und mit sehr wenig Salz und Pfeffer abschmecken. Für ein cremigeres Püree etwas mehr Milch verwenden.

6 Die Würzmischung auf dem Kartoffel-Brokkoli-Stampf verteilen.

INFO Dazu passen Spiegeleier, Fischfilet oder (Puten-)Schnitzel.

Für 2 Portionen

300 g Kartoffeln

300 g Brokkoli

Salz

1 Zwiebel

1 Knoblauchzehe

1 kleine Dose Anchovis

30 g schwarze Oliven mit Stein (Kalamata)

2 TL kleine Kapern

1 EL Olivenöl

5 EL Weißwein oder Gemüsebrühe

2 Msp. geschrotete Chilischote

8 EL Milch (eventuell mehr)

Pro Portion
11 g E * 14 g F * 26 g KH

OFENGEMÜSE MIT
MEDITERRANEM DIP

KARTOFFEL-
BROKKOLI-STAMPF
ALLA PUTTANESCA

KARTOFFELSUPPE ALLA LOMBARDA

STRAMMER PEPE

Mithilfe von Knoblauch, Paprikapulver und dem aromatischen, luftgetrockneten Serrano-Schinken wird aus einem schnellen Abendbrot ein kulinarischer Kurzurlaub in Spanien.

STRAMMER PEPE

Für 1 Portion

1 Scheibe Bauernbrot

1 Knoblauchzehe

1 Tomate

1 Frühlingszwiebel

2 TL Butter

1 Ei

Salz, Pfeffer

2 Scheiben Serrano-Schinken (zusammen etwa 30 g)

½–1 TL geröstetes Paprika-pulver (Pimentón de la Vera)

1 Das Brot im Toaster knusprig rösten. Die Knoblauchzehe schälen und über einer Seite der Brotscheibe abreiben. Tomate waschen, trocken reiben und in ganz dünne Scheiben schneiden, dabei den Strunk entfernen. Frühlingszwiebel in dünne Ringe schneiden.

2 1 TL Butter in einer kleinen beschichteten Pfanne erhitzen und das Ei darin als Spiegelei braten. Mit wenig Salz und Pfeffer würzen.

3 Das Brot mit Schinken und Tomatenscheiben belegen, das Spiegel-ei daraufgleiten lassen und die Frühlingszwiebeln darauf verteilen.

4 Die restliche Butter (1 TL) in die Pfanne geben und erhitzen. Paprika-pulver unterrühren und die Paprikabutter auf das Ei träufeln.

VARIANTE Wer großen Hunger hat, dünstet eine kleine, in Streifen geschnittene Paprikaschote in der Pfanne in wenigen Minuten knackig gar und verteilt sie auf dem Schinkenbrot.

INFO Das Paprikapulver nur kurz in der Pfanne erhitzen, es verbrennt sonst und wird bitter.

Pro Portion
20 g E * 17 g F * 32 g KH

Der deutsche Klassiker schmückt sich mit der Würze der norditalienischen Provinz Lombardei. Eine Gremolata aus Zitronenschale, Knoblauch und Petersilie bildet das aromatische Topping für die

KARTOFFELSUPPE ALLA LOMBARDA

30 Min.
Pro Portion
280 kcal

1 Kartoffeln, Möhre, Porree und Zwiebel schälen und würfeln. Die Gemüsewürfel im Öl 3 Minuten dünsten, mit Gemüsebrühe ablöschen und zugedeckt 15 bis 20 Minuten bei kleiner Hitze garen.

2 Petersilie waschen und trocken schütteln, Knoblauch schälen und beides fein hacken. Die Zitrone heiß abwaschen, trocken reiben und die Schale fein abreiben. Mit Petersilie und Knoblauch mischen. Die Würstchen in Scheiben schneiden.

3 Kartoffelsuppe fein pürieren, nach Wunsch mit etwas Brühe verdünnen. Eventuell mit Salz und Pfeffer abschmecken und die Wurstscheiben darin kurz erhitzen. Mit der Gremolata bestreut servieren.

INFO Um den Saft der abgeriebenen Zitrone noch einige Tage später verwenden zu können, wird die Zitrone in einem Gefrierbeutel oder einer Kunststoffdose im Kühlschrank aufbewahrt.

Für 2 Portionen

350 g Kartoffeln

1 Möhre

1 kleine Stange Porree

1 Zwiebel

1 EL Rapsöl

500 ml Gemüsebrühe

½ Bund Petersilie

1 Knoblauchzehe

1 Bio-Zitrone

2 Geflügelwürstchen

Salz, Pfeffer

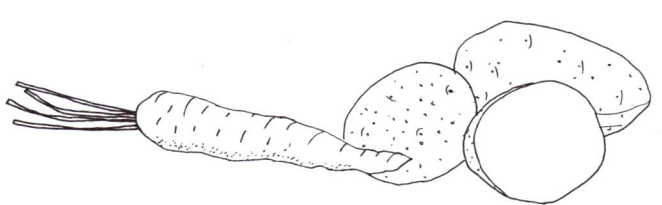

Pro Portion
19 g E * 9 g F * 29 g KH

Ein sizilianischer Dreiklang aus Kapern, Oliven und Zitronenschale gibt dem bayrischen Klassiker eine mediterrane Note.

OBAZDA AL ITALIA

15 Min.
Pro Portion
154 kcal

1 Die Rinde von dem Camembert abschneiden und das Innere würfeln. Camembert, Frischkäse und Butter verrühren.

2 Die Zwiebel schälen, eine Hälfte fein würfeln, die andere in dünne Ringe schneiden. Die Zitrone waschen, trocken reiben und 2 TL Schale fein abreiben.

3 Kapern und Oliven hacken und mit den Zwiebelwürfeln und der Zitronenschale unter die Käsecreme rühren. Mit wenig Salz und Chiliflocken abschmecken.

VARIANTE Wer rohe Zwiebeln nicht so gut verträgt, gibt die geschnittenen Zwiebeln 1 bis 2 Minuten in kochendes Wasser. So bleiben sie knackig, sind aber bekömmlicher.

INFO Schmeckt als Brotaufstrich, zu Backkartoffeln oder als Dip zu Möhren- und Kohlrabisticks.

Für 4 Portionen

100 g reifer Camembert

100 g Frischkäse
(13 % Fett absolut)

1 EL weiche Butter

1 kleine rote Zwiebel

1 Bio-Zitrone

1 TL Kapern

30 g grüne Oliven

Salz, Chiliflocken

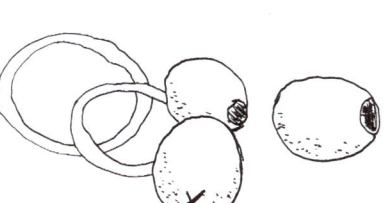

Pro Portion
7 g E * 13 g F * 2 g KH

Knoblauch, Safran und Piment d'espelette würzen die südfranzösische Sauce Rouille, die klassisch zur Bouillabaisse gereicht wird. Mit den gleichen Gewürzen gelingt auch ein

EIERSALAT MARSEILLER ART

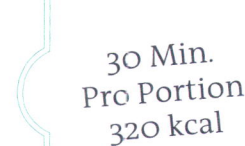

30 Min.
Pro Portion
320 kcal

1 Die Rinde vom Brot abschneiden, das Weißbrot würfeln und mit der Gemüsebrühe in einen Blitzhacker geben. Knoblauch schälen und mit Eigelb, Safran, Piment d'espelette, Öl und Joghurt dazugeben und glatt mixen. Mit einer Prise Zucker und Salz abschmecken.

2 Die Eier pellen und in Scheiben schneiden. Radieschen waschen, trocken reiben und in dünne Scheiben schneiden oder hobeln. Frühlingszwiebeln putzen und schräg in dünne Ringe schneiden.

3 Den Salat waschen, trocken schleudern und auf zwei Tellern verteilen. Eier, Radieschen und Frühlingszwiebeln darauf anrichten und die Sauce darauf verteilen. Dazu passt Fladenbrot.

VARIANTE Die Sauce kann auch statt mit Brotkrume mit einer gekochten Kartoffel gebunden werden.

INFO Wer mag, streut noch einige Nordseekrabben oder Räucherlachsstreifen über den Salat.

Für 2 Portionen

1 Scheibe Weiß- oder Toastbrot

4 EL Gemüsebrühe

1–2 Knoblauchzehen

1 Eigelb

Je 1 Msp. Safran und Piment d'espelette

2 EL Olivenöl

1 gehäufter EL Naturjoghurt (1,5 % Fett)

Zucker

Salz

3 hart gekochte Eier

6–8 Radieschen

3 Frühlingszwiebeln

50 g feine Salatblätter (z. B. Baby-Leaf oder zarte Spinatblätter)

Pro Portion
15 g E * 22 g F * 14 g KH

30 Min.
Pro Portion
547 kcal

Statt süßsauer abgeschmeckt kommt dieser Linseneintopf mit würzigen Fenchel-Hackbällchen (ital. Polpette) italienisch daher.

LINSENEINTOPF MIT FENCHEL-POLPETTE

Für 2 Portionen

200 g Möhren

300 g Kartoffeln

1 Zwiebel

½ Bund Petersilie

100 g kleine Berglinsen

1 Lorbeerblatt

750 ml Gemüsebrühe

2 grobe ungebrühte Bratwürste (à ca. 80 g)

2 TL Fenchelsamen

25 g getrocknete Soft-Tomaten

½ EL Olivenöl

Salz

Zucker

Chiliflocken

2–4 EL Balsamessig

Pro Portion
28 g E * 25 g F * 49 g KH

1 Möhren, Kartoffeln und Zwiebel schälen und würfeln. Petersilie waschen, trocken schütteln und die Blätter grob schneiden.

2 Die Linsen mit dem Lorbeerblatt in der Brühe etwa 30 Minuten garen, nach 10 Minuten das Gemüse zugeben.

3 Das Brät der Würste aus der Pelle in eine Schüssel drücken und mit 1 TL Fenchelsamen und den gewürfelten Tomaten vermengen. Mit feuchten Händen daraus Hackbällchen formen.

4 Das Öl in einer beschichteten Pfanne erhitzen und die Hackbällchen darin rundherum etwa 5 Minuten braten.

5 Die Hackbällchen zum Gemüse geben und mit Salz, Zucker, dem restlichen Fenchel und Chiliflocken herzhaft abschmecken.

6 Am Tisch mit Petersilie bestreuen und mit Balsamessig beträufeln.

VARIANTE Ihr Schlachter hat italienische Salsiccia im Angebot? Dann können Sie sich die Mühe sparen, das Brät mit Fenchel zu würzen, denn diese italienische Spezialität enthält die aromatischen Samen bereits. Die Würste einfach in Scheiben schneiden und in der Pfanne knusprig braten. Die getrockneten Tomaten kommen dann statt in die Klößchen direkt in den Eintopf.

INFO Wer gerne gut gebundenen Eintopf isst, püriert einen kleinen Teil des Eintopfes, bevor die Hackbällchen zugegeben werden.

Schwarzer Pfeffer, Muskatnuss, Nelke und Ingwer sind die Bestandteile von Quatre Épices, einer klassischen, französischen Würzmischung, die auch herrlich zu einem deutschen Küchenklassiker passt:

QUATRE-ÉPICES-KASSELER MIT SAUER-KRAUT

40 Min.
Pro Portion
449 kcal

1 Den Bratschlauch nach Packungsanweisung auf einer Seite fest zubinden, den Backofen auf 180 °C vorheizen.

2 Den Apfel schälen, das Kerngehäuse entfernen und das Fruchtfleisch in sehr dünne Spalten schneiden. Zwiebeln schälen und in halbe Ringe schneiden. Sahne mit Äpfeln, Zwiebeln und dem Sauerkraut mischen, mit wenig Salz würzen und in den Bratschlauch füllen.

3 Honig und die Gewürze verrühren, die Kasselerscheiben damit von beiden Seiten bestreichen. Das Fleisch auf das Sauerkraut legen und die zweite Seite vom Bratschlauch zubinden.

4 Den Bratschlauch auf ein Backblech legen und auf der mittleren Einschubleiste 25 bis 30 Minuten braten.

5 Den Schlauch aufschneiden und Kasseler mit Kraut servieren. Dazu passen Salzkartoffeln oder Kartoffelpüree

Für 2 Portionen

1 Apfel (rot oder grün)

1 Zwiebel

8 EL Kochsahne (15 % Fett)

1 kleine Dose Sauerkraut (285 g Abtropfgewicht)

Salz

2 EL Honig

¼ TL gemahlener schwarzer Pfeffer

Je 2 Msp. gemahlene Nelken, Ingwer und Muskat

2 Scheiben Kasselernacken oder -kotelett (à ca. 150 g)

Außerdem: 1 Bratschlauch

Pro Portion
28 g E * 23 g F * 28 g KH

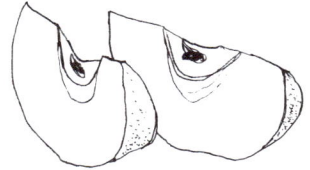

LINSENEINTOPF MIT
FENCHEL-POLPETTE

GEFLÜGELLEBER
MIT MALLORCA-
ZWIEBELN

QUATRE-ÉPICES-
KASSELER
MIT SAUERKRAUT

BLITZ-ZWIEBEL-
KUCHEN NACH
MOJO-ART

33

Auf Mallorca würzt man mit Pinienkernen, Rosinen, Knoblauch und Kräutern geschmortes Kaninchen. Damit duftet auch die Geflügelleber nach Mittelmeer.

GEFLÜGELLEBER MIT MALLORCA-ZWIEBELN

Für 2 Portionen

3 Zwiebeln

3 Knoblauchzehen

3 Stiele Thymian

3 EL Olivenöl

2–3 EL Rosinen

5 EL Weißwein

150 ml Gemüsebrühe oder -fond

300 g Geflügelleber

1 EL Mehl

Salz, Pfeffer

2 EL Pinienkerne

1 Zwiebeln und Knoblauchzehen schälen, die Zwiebel in Streifen, den Knoblauch in dünne Scheiben schneiden. Thymian waschen, trocken schütteln und die Blättchen von den Ästen streifen.

2 2 EL Olivenöl in einer Pfanne erhitzen, Zwiebeln, Knoblauch und Rosinen darin 6 Minuten bei milder Hitze glasig dünsten. Wein, Brühe und Thymian hinzufügen und die Mischung auf eine hitzebeständige Servierplatte geben. Bei 160 °C im Backofen warm halten.

3 Die Pfanne mit etwas Küchenpapier auswischen und das restliche Öl (1 EL) darin erhitzen. Die Leber trocken tupfen, in Mehl wenden und von jeder Seite 1 Minute braten, mit Salz und Pfeffer würzen.

4 Die Leber auf das Zwiebelgemüse geben und im Ofen 5 Minuten gar ziehen lassen.

5 Die Pinienkerne in einer kleinen beschichteten Pfanne ohne Fett goldgelb rösten, über die Leber streuen und sofort servieren. Dazu passt Kartoffelpüree oder knuspriges Baguette.

VARIANTE Besonders edel mit Kalbsleber – sie zieht nach dem Anbraten im Backofen nur noch 2 bis 3 Minuten nach.

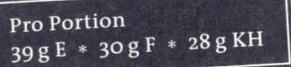

Pro Portion
39 g E * 30 g F * 28 g KH

Mojo rojo – rote Sauce – heißt die kanarische Würzsauce, die dort klassisch zu Kartoffeln, Fisch und Fleisch gereicht wird. Die Mischung aus Paprika, Chili und Kreuzkümmel schmeckt aber auch im Zwiebelkuchen köstlich.

20 Min.
(+ 35 Min. backen)
Pro Portion
323 kcal

BLITZ-ZWIEBELKUCHEN NACH MOJO-ART

1 Den Backkofen auf 180 °C vorheizen.

2 Die Zwiebel schälen und in feine Streifen schneiden. Paprikaschote putzen, Stege und Kerne entfernen und grob würfeln. Paprika und Sahne im Blitzhacker fein zerkleinern.

3 Paprika-Sahne, Eier, Mehl und Backpulver zu einem Teig glattrühren, Zwiebeln und Käse zugeben und unterrühren. Mit Salz, Kreuzkümmel, Chili- und Paprikapulver abschmecken.

4 Den Boden einer Springform mit Backpapier belegen und die Ränder einfetten. Den Teig einfüllen und auf der mittleren Schiene etwa 35 Minuten goldgelb backen.

Für 4 Portionen

400 g Zwiebeln

1 rote Paprikaschote

100 ml Kochsahne (15 % Fett)

3 Eier

100 g Mehl

½ TL Backpulver

100 g geriebener Käse

Salz

1 TL gemahlener Kreuzkümmel

¼–½ TL Chilipulver

2 TL Paprikapulver (edelsüß)

1 TL weiche Butter

Pro Portion
15 g E * 17 g F * 25 g KH

Französisches Piment d'espelette ist weniger scharf als viele andere Chilisorten und bringt durch seine zarten Aromen einen Hauch Süden in das

APFELGELEE MIT CALVADOS

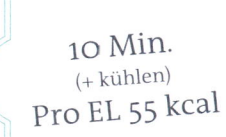

10 Min.
(+ kühlen)
Pro EL 55 kcal

1 Apfelsaft und Gelierzucker in einem Topf mischen und 3 Minuten sprudelnd kochen lassen.

2 Estragonblättchen, Calvados und Piment d'espelette untermischen und noch einmal aufkochen.

3 Bis zum Rand in vorbereitete Gläser mit Schraubdeckel füllen und zudrehen.

4 Die Gläser beim Abkühlen ab und zu wenden, sodass die Kräuter gleichmäßig im Gelee verteilt werden.

VARIANTE Gelingt auch mit Thymian.

INFO Gelierzucker kann man nur in 500-g-Packungen kaufen. Wenn Sie nur einen Teil davon verwenden, mischen Sie den Inhalt vorher gut durch, damit Zucker und Geliermittel gleichmäßig verteilt sind.

Für 2 Gläser (à 250 ml)

600 ml naturtrüber Apfelsaft

250 g Gelierzucker 3:1

1 EL Estragonblättchen

2–3 EL Calvados

1 Msp. Piment d'espelette

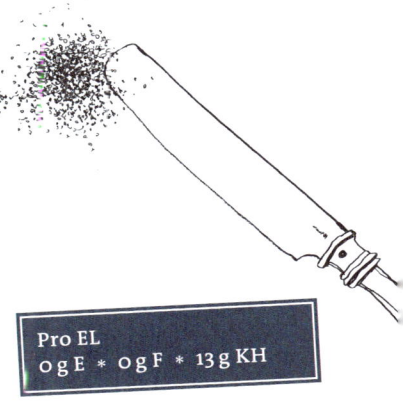

Pro EL
0 g E * 0 g F * 13 g KH

Zitronenschale, Vanille, Pistazien und klarer Kirschlikör (Maraschino) bestimmen den Geschmack der Cassata. Anstelle von kandierten Früchten verwenden wir für die sizilianischen Schichttorte fruchtig-frische Aprikosen.

FRISCHKÄSETORTE AUF SIZILIANISCHE ART

40 Min.
(+ einige Stunden kühlen)
Pro Stück
324 kcal

1 Die Butterkekse in einen Gefrierbeutel geben und mit einer Tortenrolle oder einem Topfboden fein zerkrümeln. Die Butter schmelzen und mit den Keksrümeln mischen.

2 Den Boden einer Springform (26 cm Durchmesser) mit Backpapier belegen und die Keksmischung hineingeben. Mit einem Löffelrücken am Boden der Form festdrücken und bis zur weiteren Verwendung kalt stellen.

3 Schokolade und Pistazien nicht zu fein hacken. Die Zitrone waschen, abtrocknen und 3 TL Schale fein abreiben. Vanilleschote längs aufritzen und das Mark mit dem Messerrücken herauskratzen. Die Aprikosen in einem Sieb abtropfen lassen und in Spalten schneiden.

4 Die Sahne mit dem Handmixer steif schlagen. Ricotta und Maraschino mit Gelatine-Fix eine Minute auf höchster Stufe aufschlagen. Schokolade, Zitronenschale und drei Viertel der Aprikosen und der Pistazien zusammen mit der Sahne unter den Ricotta heben.

5 Die Ricottamasse auf dem Keksboden verteilen und mit Pistazien und Aprikosen verzieren. Die Torte 4 bis 5 Stunden oder über Nacht im Kühlschrank fest werden lassen.

Für 12 Stücke

175 g Butterkekse

100 g Butter

75 g Zartbitterschokolade

50 g Pistazienkerne (ungesalzen)

1 Bio-Zitrone

½ Vanilleschote

1 Dose Aprikosen (480 g Abtropfgewicht)

150 g Schlagsahne

500 g Ricotta

4 EL Maraschino (oder Orangen- oder Mandellikör)

2 Beutel Gelatine-Fix

Pro Stück
7 g E * 21 g F * 23 g KH

Der **MEERRETTICH** mit seinen scharfen ätherischen Ölen spielt gern eine Solorolle. Doch einheimische Küchenkräuter und Zitrone passen gut zu ihm.

Der Geschmack von **LIEB-STÖCKEL** erinnert an Sellerie und Suppengrün. Besonders gut passt er in Gemüseein-töpfe oder Erbsensuppe.

BOHNENKRAUT würzt nicht nur alle Sorten Hülsenfrüchte, auch zu Zucchini, Tomaten und Auberginen passt das pfeffrig-scharfe Kraut ausgezeichnet.

Wer beim Essen nicht auf die harten **KÜMMELSAMEN** beißen mag, füllt das süßlich-herbe Gewürz zum Mitkochen in einen Teefilter.

PIZZA TRIFFT BOHNENKRAUT

Deftigzarte Balkanwürze

Deutsche Klassiker wie Reibekuchen, Nudelsalat und Bratkartoffeln haben viele Fans. Und es können noch mehr werden. Einfach mal einen Blick in die Küchen der Ungarn und ihrer Nachbarn werfen und beim Würzen mutig neue Wege gehen. Kombinieren Sie löffelweise leuchtend rotes Paprikapulver mit Knoblauch, Kümmel, Liebstöckel, Dill und Bohnenkraut für eine neue Art von Hausmannskost nach Balkanart. Rauchiger Speck, scharfer Meerrettich und feurige Chilischoten setzen dabei kraftvolle Akzente.

Gemüseeintöpfe, Geschnetzeltes und Wurstsalat vertragen starke Gaumenreize wie sie in Kroatien, Bulgarien und Rumänien typisch sind. Soll's etwas feiner sein? Auch zartes Fischfilet, saftige Hähnchenbrust und fluffiges Kartoffelpüree profitieren von balkanischen Geschmackskombinationen. Sie werden nur ein bisschen zurückhaltender gewürzt. Klingt einfach? Ist es auch!

Das rote Paprikapüree Ajvar ist aus der bosnischen, kroatischen und serbischen Küche nicht wegzudenken. Im Handel gibt es milde und feurige Varianten. Sie bringen Balkan-Geschmack in eine schnelle

30 Min.
Pro Portion
626 kcal

NUDEL-HÄHNCHEN-PFANNE MIT AJVAR

1 Die Nudeln nach Packungsanweisung in Salzwasser garen, abgießen und abtropfen lassen.

2 Zwiebel und Knoblauch schälen, die Zwiebel in halbe Ringe, den Knoblauch in dünne Scheiben schneiden. Den Porree längs halbieren und unter fließendem Wasser gründlich waschen. In 2 cm breite Stücke schneiden. Den Speck in dünne Streifen schneiden, das Hähnchenbrustfilet mundgerecht würfeln.

3 Öl in einer beschichteten Pfanne erhitzen und das Fleisch darin in etwa 4 Minuten rundherum braun anbraten, dabei mit Salz und Pfeffer würzen. Das Fleisch aus der Pfanne nehmen und beiseitestellen.

4 Speck, Zwiebeln und Knoblauch in die Pfanne geben und etwa 4 Minuten braten.

5 Ajvar mit Weißwein, Kümmel und Paprikapulver verrühren und zusammen mit Fleisch, Porree und Nudeln in die Pfanne geben. Aufkochen lassen und offen 3 bis 4 Minuten köcheln. Eventuell mit den Gewürzen abschmecken.

INFO Schneller geht's mit gekochten Nudeln vom Vortag. Verwenden Sie etwa 350 g gekochte Nudeln für die Pfanne.

Für 2 Portionen

150 g kurze Nudeln (z. B. Penne)

Salz

1 große Zwiebel

2–3 Knoblauchzehen

1 Stange Porree (etwa 300 g)

50 g durchwachsener Speck (eine dünnen Scheibe)

300 g Hähnchenbrustfilet

1 EL Olivenöl

Pfeffer

3 EL Ajvar (mild oder feurig, aus dem Glas)

100 ml trockener Weißwein (oder Brühe)

1 TL Kümmel

2–3 TL Paprikapulver (mild oder scharf)

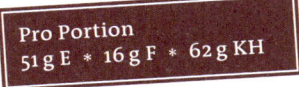
Pro Portion
51 g E * 16 g F * 62 g KH

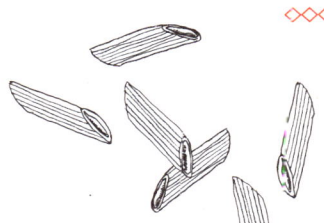

Erst in der Zusammenstellung verschiedener Gewürze findet man die typischen Aromen einer Region: Lorbeerblatt kombiniert mit Paprikapulver und Oregano ist eine typische Würzmischung auf dem Balkan.

LORBEER-BRATKARTOFFELN MIT KRABBEN-RÜHREI

30 Min.
Pro Portion
466 kcal

1 Zwiebel schälen und in Streifen schneiden, die Kartoffeln würfeln. Frühlingszwiebeln putzen und in dünne Ringe schneiden. Die Lorbeerblätter jeweils zweimal bis zur Mittelrippe einreißen.

2 Öl in einer beschichteten Pfanne erhitzen und die Kartoffeln und Lorbeerblätter darin rundherum 10 Minuten bei mittlerer Hitze braten. Zwiebeln zugeben und 3 bis 4 Minuten mitbraten. Mit Paprikapulver, Oregano, Salz und Pfeffer würzen.

3 Eier mit Milch, Salz und Pfeffer verquirlen und die abgetropften Krabben unterheben.

4 Butter in einer zweiten Pfanne schmelzen lassen und das Rührei darin bei mittlerer Hitze stocken lassen, dabei immer wieder mit einem Pfannenwender zur Mitte schieben.

5 Bratkartoffeln auf zwei Tellern verteilen und das Krabbenrührei darauf anrichten. Mit Frühlingszwiebeln bestreut servieren.

INFO Rühren Sie nicht zu häufig in den Bratkartoffeln. Jede Seite braucht ein paar Minuten, um knusprig zu werden.

Pro Portion
28 g E * 21 g F * 38 g KH

Für 2 Portionen

1 Zwiebel

500 g gekochte, gepellte Kartoffeln (am besten vom Vortag)

2 Frühlingszwiebeln

3 Lorbeerblätter

1 EL Öl

1–2 TL Paprikapulver (nach Geschmack edelsüß oder scharf)

2 EL frische Oreganoblättchen (oder ½–1 TL getrockneter Oregano)

Salz, Pfeffer

4 Eier

6 EL Milch

100 g Nordseekrabbenfleisch oder Eismeergarnelenfleisch

1 TL Butter

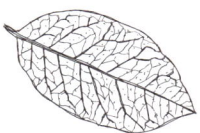

In Rumänien und Bulgarien würzt man mit kräftigem Liebstöckel Gemüse, Hülsenfrüchte und Fisch. Es gehört zu den wenigen Kräutern, die man gut mitgaren kann, ohne dass dabei etwas vom feinen Aroma verloren geht.

LIEBSTÖCKEL-KASSELER-EINTOPF

Für 2 Portionen

200 g Kartoffeln

200 g Möhren

200 g Petersilienwurzeln

1 rote Chilischote

2 Knoblauchzehen

Salz

250 g Kasselernacken ohne Knochen

600 ml Gemüse- oder Fleisch-brühe

2 TL getrockneter Liebstöckel

1 Kartoffeln, Möhren und Petersilienwurzeln schälen. Die Kartoffeln würfeln, Möhren und Petersilienwurzeln in Scheiben schneiden. Die Chilischote halbieren, die Kerne und Rippen herausschneiden. Knoblauchzehen pellen und grob würfeln. Mit etwas Salz bestreuen und mit der flachen Messerklinge zerdrücken. Das Fleisch in 2 cm große Würfel schneiden.

2 Die Brühe in einem Topf erhitzen, Kasseler, Kartoffeln, Gemüse, Peperoni, Knoblauch und Liebstöckel zugeben und 15 bis 20 Minuten leicht köcheln.

3 Die Peperoni aus dem Eintopf nehmen, die Brühe eventuell mit Pfeffer und Liebstöckel abschmecken.

VARIANTE Wer es ein wenig schärfer liebt, schneidet die Peperoni in Streifen und isst sie mit.

INFO Im Sommer gibt es frischen Liebstöckel zu kaufen. Verwenden Sie für den Eintopf etwa 2 bis 3 ganze Stiele. Nach dem Kochen einfach aus der Brühe nehmen.

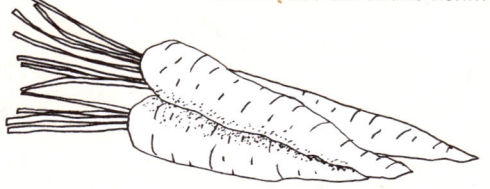

Pro Portion
24 g E * 15 g F * 24 g KH

In Ungarn werden Gewürzgurken in einer Marinade aus Essig, scharf gewürzt mit Meerrettich und Dill, eingelegt. Das bringt auch dem Wurstsalat einen besonderen Kick.

WURSTSALAT MIT MEERRETTICH UND DILL

20 Min.
Pro Portion
208 kcal

1 Die Meerrettichwurzel schälen und fein reiben. Die Hälfte davon mit Essig, Öl und Gurkenwasser verrühren.

2 Die Zwiebel schälen, Paprikaschote putzen und die Kerne entfernen.

3 Zwiebel, Paprikaschote, Gewürzgurken und Bierschinken in feine Streifen schneiden und vorsichtig unter das Dressing heben. Mit wenig Salz und grob geschrotetem Pfeffer würzen.

4 Den Dill waschen, trocken schütteln, fein schneiden und über den Salat geben. Den übrigen geriebenen Meerrettich dazu reichen.

VARIANTE Der Salat schmeckt auch, wenn Sie statt Bierschinken Kasseler-Aufschnitt verwenden. Dann ist Salzen vermutlich überflüssig, der gepökelte und geräucherte Braten enthält genügend Salz.

Für 2 Portionen

3–4 cm frische Meerrettichwurzel (oder 1–2 TL Meerrettich aus Glas oder Tube)

2 EL Weißweinessig

1 EL Rapsöl

2 EL Gurkenwasser (von den Gewürzgurken)

1 kleine Zwiebel

1 kleine Paprikaschote

1–2 Gewürzgurken (100 g)

150 g Bierschinken

Salz, Pfeffer

½ Bund Dill

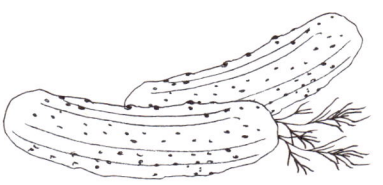

Pro Portion
14 g E * 13 g F * 7 g KH

LIEBSTÖCKEL-
KASSELER-EINTOPF

WURSTSALAT MIT
MEERRETTICH UND
DILL

TOFU-GEMÜSE-
PAPRIKASCH

TZATZIKI-
NUDELSALAT

49

Paprikapulver, Kümmel und Oregano gehören nicht nur an jedes ungarische Fleisch-Paprikasch, die würzige Kombination schmeckt auch in vegetarischen Gerichten. Ein Klecks saure Sahne gehört in jedem Fall dazu.

TOFU-GEMÜSE-PAPRIKASCH

Für 2 Portionen

1 große Zwiebel

2 Knoblauchzehen

1 EL Olivenöl

200 g Kartoffeln

200 g Möhren

1 kleine Zucchini

3 Stangen Staudensellerie

200 g Räuchertofu

2 TL Paprikapulver (nach Geschmack mild oder scharf)

1 TL Kümmel

1 TL Zucker

Oreganoblättchen von 5 Zweigen (oder 1 TL getrockneter Oregano)

Salz, Pfeffer

200 ml Gemüsebrühe

2 TL Tomatenmark

2 EL saure Sahne

1 Zwiebel und Knoblauchzehen schälen und fein schneiden. Das Öl in einem Topf erhitzen, Zwiebel und Knoblauch darin bei milder Hitze dünsten, bis das übrige Gemüse vorbereitet ist.

2 Kartoffeln und Möhren schälen, Zucchini waschen, trocken reiben und den Stielansatz entfernen, alles in mundgerechte Würfel schneiden. Den Stielansatz vom Staudensellerie abschneiden, die Fäden auf der gewölbten Seite mit einem Messer abziehen und die Stangen in Scheiben schneiden. Den Tofu würfeln.

3 Paprikapulver, Kümmel, Zucker, Oreganoblättchen, 1 TL Salz und ½ TL Pfeffer vermengen, Brühe mit Tomatenmark verrühren.

4 Das Gemüse und den Tofu schichtweise auf die Zwiebeln geben und jeweils mit der Gewürzmischung bestreuen, die Brühe darübergießen (nicht umrühren).

5 Bei mittlerer Hitze 20 bis 25 Minuten garen, dann umrühren und eventuell mit den verwendeten Gewürzen nachschmecken. Mit je einem Klecks saurer Sahne servieren.

INFO Wer den Eintopf etwas dünnflüssiger mag, verlängert ihn mit etwas Gemüsebrühe.

Pro Portion
19 g E * 17 g F * 34 g KH

Der wohl bekannteste Würz-Export aus Griechenland gibt nicht nur dem bekannten Quarkdip ein feines Aroma. Dill und Knoblauch passen auch zum

TZATZIKI-NUDELSALAT

30 Min.
Pro Portion
375 kcal

1 Die Nudeln nach Packungsanweisung in reichlich Salzwasser garen, abgießen und abtropfen lassen.

2 Gurke waschen, längs halbieren und die Kerne mit einem Teelöffel herausschaben. Die Gurke grob raspeln und in ein Sieb zum Abtropfen geben. Oliven in Scheiben schneiden, den Dill waschen, trocken schütteln und fein schneiden.

3 Joghurt, Salatmayonnaise und Brühe in einer Schüssel verrühren und mit Salz und Pfeffer würzen. Den Knoblauch schälen und fein hacken oder durch eine Knoblauchpresse drücken und mit Gurken, Nudeln, Oliven und Dill unter den Salat heben.

INFO Am besten schmeckt der Salat, wenn er gut durchgezogen ist. Bereiten Sie ihn also gerne am Vortag zu.

Für 2 Portionen

125 g kurze Nudeln (z. B. Fusilli)

Salz

1 Bio-Gurke

50 g grüne Oliven

½ Bund Dill

100 g Naturjoghurt (1,5 % Fett)

1 gehäufter EL Salatmayonnaise

50 ml Gemüsebrühe

Pfeffer

1–2 Knoblauchzehen

Pro Portion
11 g E * 13 g F * 51 g KH

Kümmel und Paprika werden in Ungarn vor allem für Schmorgerichte verwendet. Eher ungewöhnlich, aber nicht minder köstlich ist die Kombination mit Bratfisch und Rahmgemüse.

KÜMMEL-BRATFISCH MIT RAHM-KOHLRABI

30 Min.
Pro Portion
355 kcal

1 Kohlrabi schälen und in ca. 1 cm dicke Stifte schneiden. Saure Sahne mit 5 EL Wasser, 1 TL Mehl und Paprikapulver verrühren.

2 Mit einer Pinzette eventuell vorhandene Gräten aus dem Fisch ziehen, das restliche Mehl (1 EL) und gemahlenen Kümmel auf einem Teller mischen.

3 Kohlrabi, 2 EL Wasser, etwas Salz und Butter in einen Topf geben und zugedeckt bei milder Hitze 10 Minuten dünsten. Paprika-Sauerrahm zugeben und 5 Minuten mitgaren.

4 Das Öl in einer beschichteten Pfanne erhitzen. Den Fisch mit Salz und Pfeffer würzen, in dem gewürzten Mehl wenden. Überschüssiges Mehl abschütteln und den Fisch von jeder Seite bei mittlerer Hitze 2 bis 4 Minuten braten.

5 Kohlrabi eventuell mit Salz, Pfeffer und Paprikapulver nachwürzen und mit dem Fisch servieren.

INFO Dazu passt Kartoffelpüree oder Petersilienkartoffeln.

Für 2 Portionen

2 kleine Kohlrabi (à 250 g)

100 g saure Sahne

1 TL + 1 EL Mehl

2 TL Paprikapulver (nach Geschmack süß oder scharf)

2 Fischfilets (z. B. Kabeljau oder Lengfisch, à 150 g)

1 TL gemahlener Kümmel

Salz

1 TL Butter

1 EL Rapsöl

Pfeffer

Pro Portion
32 g E * 18 g F * 15 g KH

Bohnenkraut und Paprika ist eine typische Gewürzkombination in Bulgarien. Sie macht sich aber auch gut auf einer Pizza – mit Fladenbrot als Grundlage.

BALKANPIZZA

30 Min.
Pro Portion
368 kcal

1 Den Backofen auf 220 °C vorheizen.

2 Die Zwiebel schälen, halbieren und in feine Streifen schneiden, Zucchini waschen, trocken reiben und grob raspeln. Knoblauch schälen.

3 Die Pizzatomaten mit der durchgedrückten Knoblauchzehe, der Hälfte des Bohnenkrauts, dem Paprikapulver, etwas Salz und Pfeffer würzen. Das Fladenbrot halbieren und beide Hälften mit dem Tomatenpüree bestreichen.

4 Zwiebeln und Zucchini gleichmäßig darauf verteilen, den Schafskäse darüberbröckeln.

5 Die Fladenbrothälften auf ein mit Backpapier belegtes Blech legen und auf der oberen Einschubleiste 10 bis 15 Minuten backen, bis das Brot knusprig und der Käse etwas gebräunt ist. Mit dem restlichen Bohnenkraut bestreut servieren.

Für 2 Portionen

1 Zwiebel

1 Zucchini (250 g)

1 Knoblauchzehe

½ Dose Pizzatomaten (200 g)

2 TL frisches Bohnenkraut (oder 1 TL getrocknetes Bohnenkraut)

2 TL Paprikapulver (nach Geschmack mild oder scharf)

Salz, Pfeffer

1 kleines Fladenbrot (150 g)

100 g Schafskäse

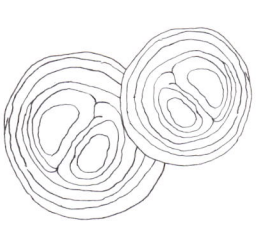

Pro Portion
17 g E * 13 g F * 43 g KH

Mit Zimt, Tomatenmark, Petersilie und Minze würzen Griechen ihre Kichererbsenbällchen. Uns schmeckt die Würze auch für

REVITHOKEFTÉDES-REIBEKUCHEN

Für 2 Portionen

500 g Kartoffeln

1 große Zwiebel

1 Ei

2 EL Haferflocken

1 EL Tomatenmark

½ TL Zimt

Salz

1 Bund Petersilie

2 Zweige Minze

4 EL Öl

1 Kartoffeln und Zwiebel schälen und fein reiben. Mit Ei, Haferflocken, Tomatenmark, Zimt und Salz würzen.

2 Petersilie und Minze waschen, trocken schütteln und fein hacken. Die Kräuter unter die Kartoffelmasse heben.

3 2 EL Öl in einer beschichteten Pfanne erhitzen, sechsmal je 1 bis 2 EL der Kartoffelmasse in die Pfanne geben, platt drücken. Die 6 Reibekuchen bei mittlerer Hitze von jeder Seite etwa 3 bis 4 Minuten goldgelb braten. Kurz auf Küchenpapier abtropfen lassen und 6 weitere Reibekuchen in dem restlichen Öl ausbacken.

INFO Am besten schmecken die Reibekuchen frisch aus der Pfanne. Wenn Sie die Reibekuchen aus der ersten Pfanne warmhalten möchten, bis auch der zweite Schwung gebraten ist, legen Sie sie nebeneinander zwischen Küchenpapier in den 100 °C warmen Backofen.

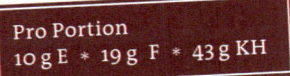

Pro Portion
10 g E * 19 g F * 43 g KH

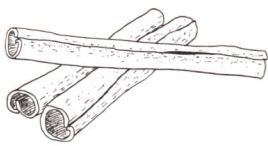

Zitronensaft, Knoblauch und Petersilie würzen Skordalia, einen kalten Dip aus Kartoffeln, den man wie Tzatziki zu Fladenbrot isst.

KABELJAUFILET MIT KARTOFFEL-KÜRBIS-SKORDALIA

30 Min.
Pro Portion
484 kcal

1 Kerne und Stielansatz vom Kürbis entfernen und das Fruchtfleisch würfeln. Kartoffeln schälen und würfeln. Knoblauchzehen pellen und in Scheiben schneiden. Kürbis, Kartoffeln und Knoblauch in wenig Salzwasser 15 bis 20 Minuten garen.

2 Eine Zitrone halbieren und auspressen, eine Zitrone längs vierteln. Petersilie waschen, trocken schütteln und die Blätter hacken.

3 Das Fischfilet trocken tupfen und eventuell vorhandene Gräten mit einer Pinzette herausziehen. Wein, Brühe, Pfefferkörner, Lorbeerblatt und ½ TL Salz in einem Topf erhitzen und den Fisch darin bei geschlossenem Deckel 5 bis 8 Minuten sanft gar ziehen.

4 Kürbis und Kartoffeln abgießen und mit einem Kartoffelstampfer zerkleinern. Zitronensaft und Olivenöl zugeben und mit einem Schneebesen unterrühren. Esslöffelweise von dem Fischsud zugeben, bis die gewünschte Konsistenz erreicht ist.

5 Das Fischfilet aus dem Fond heben und mit dem Kürbis-Kartoffel-püree anrichten. Mit etwas Petersilie bestreuen, die Zitronenviertel dazulegen und servieren.

Für 2 Portionen

½ Hokkaidokürbis (350 g)

350 g Kartoffeln

Salz

½ kleine Knolle junger Knoblauch (oder 5 bis 6 Zehen)

2 Zitronen

½ Bund Petersilie

2 Kabeljaufilets (à 200 g)

100 ml Weißwein

100 ml Brühe

10 Pfefferkörner

1 Lorbeerblatt

2 EL Olivenöl

Pro Portion
42 g E * 12 g F * 46 g KH

REVITHOKEFTÉDES-REIBEKUCHEN

KABELJAUFILET MIT KARTOFFEL-KÜRBIS-SKORDALIA

LACHSBURGER MIT RUMÄNISCHER KNOBLAUCHSAUCE

APFEL-SPECK-SCHMARREN KROATISCH

30 Min.
Pro Portion
572 kcal

Mujdei de usturoi heißt die Knoblauchsauce, die in Rumänien zu vielen Fleischgerichten gereicht wird. Aber auch zu Fisch passt sie hervorragend.

LACHSBURGER MIT RUMÄNISCHER KNOBLAUCHSAUCE

Für 2 Portionen

2–3 Knoblauchzehen

Salz

2 EL Rapsöl

2 EL saure Sahne

½ Bund Dill

Pfeffer

250 g Lachsfilet

1 Ei

2 EL Semmelbrösel

1 EL Zitronensaft

2 weiche Brötchen

Einige Salatblätter

1 Tomate

Pro Portion
34 g E * 32 g F * 34 g KH

1 Knoblauch schälen und grob hacken. Mit 1 Msp. Salz im Mörser zu einer feinen Paste reiben. Zuerst 1 EL Öl, dann die saure Sahne unterrühren. Den Dill waschen, trocken schütteln und ebenfalls unter die Knoblauchsauce rühren. Mit Pfeffer sehr herzhaft würzen.

2 Den Lachs sehr fein hacken. Er kann auch in der Küchenmaschine zerkleinert werden.

3 Ei und Semmelbrösel untermischen und mit Zitronensaft, etwas Salz und Pfeffer würzen.

4 Das restliche Öl (1 EL) in einer beschichteten Pfanne erhitzen. Zwei flache Buletten aus der Fischmasse formen und in der Pfanne von jeder Seite etwa 3 bis 5 Minuten goldbraun braten.

5 Die Brötchen aufschneiden, die Schnittflächen mit der Knoblauchcreme bestreichen. Mit den Salatblättern und Tomatenscheiben zu Burgern zusammensetzen.

VARIANTE Der Burger schmeckt auch hervorragend als Bratling zu knackigem Salat und Röstkartoffeln.

Ohne Paprikapulver geht's auf dem Balkan kaum – ein besonderes Geschmackserlebnis wird daraus in der Kombination mit frischem Dill und dem Räucheraroma aus Schinken- oder Speckwürfeln.

APFEL-SPECK-SCHMARREN KROATISCH

25 Min.
Pro Portion
428 kcal

1 Den Dill waschen, trocken schütteln und die feinen Ästchen hacken. Den Apfel schälen, das Kerngehäuse entfernen und das Fruchtfleisch in Stückchen schneiden.

2 Eier und Milch verquirlen, Mehl und Backpulver gut unterrühren. Mit wenig Salz, Pfeffer und dem Paprikapulver würzen, Äpfel- und Schinkenwürfel und zwei Drittel vom Dill unterrühren.

3 Das Öl in einer beschichteten Pfanne erhitzen und die Eiermasse hineingeben. Etwa 3 Minuten garen, bis die Unterseite leicht hellbraun gebraten ist.

4 Den Pfannkuchen mit einem Pfannenwender vierteln und wenden. Nach etwa 2 Minuten mit zwei Gabeln in Stückchen reißen, die Butter dazugeben und gut durchschwenken. Mit dem restlichen Dill bestreuen und servieren.

INFO Schmeckt zu Möhren- oder Spargelgemüse oder Kräuterquark.

Für 2 Portionen

1 Bund Dill

1 kleiner Apfel (rot oder grün)

2 Eier

8 EL Milch

100 g Mehl

½ TL Backpulver

Salz, Pfeffer

1–2 TL Paprikapulver (edelsüß)

50 g magere Schinkenwürfel

1 EL Rapsöl

1 TL Butter

Pro Portion
18 g E * 16 g F * 50 g KH

Was an diesem Gericht sicher nicht arm ist, ist sein Aroma – dank ungarischer Würze mit Mohn, Nelke und Zitronenschale. Wer mag, streut noch geröstete Mandeln darüber.

ARMER DONAU-RITTER

25 Min.
Pro Portion
396 kcal

1 Die Zitrone heiß abspülen, trocken reiben und die Schale dünn abreiben. Milch, Ei, Honig, Zitronenschale, Nelkenpulver und Mohn verrühren und in eine flache Arbeitsschale gießen.

2 Die Brötchen in etwa 1,5 cm dicke Scheiben schneiden und in die Eiermilch legen. Nach etwa 3 Minuten wenden.

3 Pflaumenmus mit Apfel- oder Orangensaft glatt rühren. Vanillemark mit einem spitzen Messer aus der Schote kratzen und unter den Joghurt rühren.

4 Butter in einer beschichteten Pfanne erhitzen und die Brotscheiben darin von jeder Seite 3 bis 4 Minuten goldgelb braten. Auf Küchenpapier gut abtropfen lassen und mit je einem Klecks Pflaumenmus und Vanillejoghurt servieren.

VARIANTE Schmeckt auch mit Vanillesauce oder Obstsalat.

Für 2 Portionen

1 Bio-Zitrone
100 ml Milch
1 Ei
1 EL Honig
1 Msp. Nelke (gemahlen)
2 EL Mohn (gemahlen)
1 altbackenes Baguettebrötchen (etwa 75 g)
50 g Pflaumenmus
2–3 EL Apfel- oder Orangensaft
100 g Naturjoghurt (3,5 % Fett)
¼ Vanilleschote
1 EL Butter

Pro Portion
13 g E * 17 g F * 45 g KH

Griechische Desserts werden oft mit Honig und Walnüssen serviert. Zusammen mit würzigen Thymianblättchen wird daraus ein ganz eigenes Aroma.

GRIECHISCHES BIRCHERMÜSLI

15 Min.
(+ 1 Nacht kühlen)
Pro Portion
347 kcal

1 Haferflocken und Rosinen mit Milch mischen und abgedeckt über Nacht im Kühlschrank durchziehen lassen.

2 Thymianblättchen mit Honig und den grob gehackten Walnüssen in einem Mörser zermahlen, den Zitronensaft unterrühren.

3 Den Apfel grob raspeln und zusammen mit dem Joghurt unter die vorbereiteten Haferflocken heben.

4 Das Müsli in zwei Schälchen füllen und mit dem Nuss-Honig beträufeln.

Für 2 Portionen

50 g Haferflocken

2 EL Rosinen

150 ml fettarme Milch

2 TL frische Thymianblättchen

3 EL Honig

2 EL Walnüsse

2 EL Zitronensaft

1 großer Apfel (rot oder grün)

200 g Naturjoghurt (1,5 % Fett)

Pro Portion
11 g E * 11 g F * 47 g KH

Zimtstangen mitgaren, sie entfalten nur langsam ihr Aroma. Zum einfachen Dosieren am Ende der Garzeit gemahlenen **ZIMT** verwenden.

Etwas erdig, aber auch frisch-aromatisch mit nussiger Note. **KREUZKÜMMEL** perfekt zu beschreiben, ist unmöglich. Einfach probieren.

Nussig und mit einem leicht bitteren Nachgeschmack würzt die Sesampaste **TAHINI** Saucen, Dips und Dressings. Gute Ergänzung: Zitrone und Knoblauch.

Frisch und kühl: **MINZE** würzt sowohl Obstsalate als auch cremige Dips und klare Salatsaucen.

KARDAMOM schmeckt besonders aromatisch, wenn die Samen erst kurz vor der Verwendung aus den grünen Kapseln gelöst und zerkleinert werden.

KARTOFFELGRATIN TRIFFT KARDAMOM

Aromen aus dem Orient

Lust auf neuen Gaumenkitzel? Dann holen Sie einen Hauch Orient in Ihre Küche. Duftender Kreuzkümmel, goldgelbe Safranfäden, süß-scharfe Nelken und viel frische Minze verleihen unseren Alltagsgerichten im Handumdrehen den magischen Duft der arabischen Halbinsel.

Sie glauben, Zimt und Kardamom taugen nur für die süße Küche und die Weihnachtsbäckerei? Lassen Sie sich überraschen und vom Gegenteil überzeugen! Mit Orientgewürzen können Sie auch bei norddeutschen Küchenklassikern wie „Birnen, Bohnen und Speck", bei unseren heiß geliebten Buletten und einem simplen Bauernfrühstück neue, überzeugende Akzente setzen. Die „süße" Note vieler Orientaromen rundet dabei den Geschmack herzhafter Zutaten aufs Feinste ab. Echte Fans können sogar die typischen Gewürzmischungen der Region für den Vorrat selbst anmischen. Rezepte dazu ab Seite 8.

Die Zusammensetzung von Ras el-Hanout variiert – Pfeffer, Kardamom, Kreuzkümmel, Nelken, Paprika, Ingwer, Kurkuma und Rosenblütenblätter sind aber immer in der arabischen Mischung – und die passt wunderbar ins

BAUERNFRÜHSTÜCK ORIENTAL

35 Min.
Pro Portion
449 kcal

1 Frühlingszwiebeln putzen und in Ringe schneiden. 4 EL grüne Frühlingszwiebelringe beiseitelegen. Paprikaschote waschen, trocken reiben und Rippen und Kerne entfernen. Die Paprika in dünne Streifen schneiden. Kartoffeln pellen und würfeln.

2 Das Öl in einer Pfanne erhitzen und die Kartoffeln darin etwa 10 Minuten knusprig braun braten. Paprika zugeben und weitere 3 Minuten braten, dabei ab und zu schwenken oder vorsichtig umrühren. Zum Schluss die Frühlingszwiebeln unterheben und mit Salz würzen.

3 Eier mit Milch und den Gewürzen verquirlen, über die Kartoffeln gießen und etwa 6 bis 8 Minuten bei mittlerer Hitze garen, bis die Oberseite fast gestockt ist.

4 Das Omelett halb überschlagen und weitere 2 Minuten braten, sodass auch die Innenseite vollständig gestockt ist.

5 Das Bauernfrühstück auf eine Platte gleiten lassen und mit den Frühlingszwiebeln bestreut servieren.

VARIANTE Wer mag, streut vor dem Zusammenklappen noch ein paar Schinkenwürfel auf das Omelett.

INFO Ras el-Hanout heißt wörtlich übersetzt „Chef des Ladens" – nur er konnte diese komplizierte Gewürzmischung herstellen. Wenn Sie öfter orientalisch würzen möchten, kaufen Sie eine Mischung, sie enthält noch etliche Gewürze mehr als oben angegeben, z. B. Paradieskörner, Rosen- und Lavendelblüten.

Für 2 Portionen

1 Bund Frühlingszwiebeln

1 Paprikaschote

400 g Pellkartoffeln (am besten vom Vortag)

2 EL Rapsöl

Salz

4 Eier

150 ml fettarme Milch (1,5 %)

Je 1–2 Msp. Pfeffer, Kardamom, Kreuzkümmel, Nelken, Paprika, Ingwer, Kurkuma

Pro Portion
21 g E * 22 g F * 38 g KH

Chili, Kardamom, Kreuzkümmel, Knoblauch, Zitrone und Koriandergrün sind die Hauptzutaten für Zhug, eine Gewürzpaste aus den mediterranen Gebieten des Nahen Ostens. Hier ist sie das aromatische i-Tüpfelchen für das

ZHUG-SANDWICH

30 Min.
Pro Portion
360 kcal

1 Paprikaschote waschen und trocken reiben. Chili und Paprika von Rippen und Kernen befreien und grob hacken. Koriander waschen, trocken schütteln und die Blättchen abzupfen. Knoblauch schälen.

2 Paprika, Chili, Korianderblättchen, Knoblauch und Zitronensaft im Blitzhacker fein mixen. Mit Kreuzkümmel, Kardamom und Salz abschmecken. Die Masse in einem feinen Sieb etwas abtropfen lassen.

3 Den Speck in einer Pfanne ohne Fett knusprig braten und auf Küchenpapier abtropfen lassen. Das Brot toasten.

4 Salatblätter waschen und trocken schütteln, Avocado vom Kern befreien und in dünne Scheiben schneiden.

5 4 Toastscheiben dünn mit der Gewürzpaste bestreichen, mit Hähnchenbrust, Salat, Avocado und Speck belegen und je zwei Scheiben übereinanderlegen. Die dritte Scheibe Toastbrot darauflegen und die Sandwiches mit Holzstäbchen an zwei gegenüberliegenden Ecken fixieren. Dann jedes Sandwich in zwei Dreiecke schneiden.

INFO Die scharfe Paste können Sie auch auf Vorrat zubereiten und wie Pesto in ein Glas füllen und mit etwas Öl bedecken. So bleibt sie einige Wochen im Kühlschrank frisch.

Für 2 Portionen

½ rote Paprikaschote

½–1 rote Chilischote

½ Bund Koriander

2 Knoblauchzehen

1–2 EL Zitronensaft

½–1 TL gemörserter oder gemahlener Kreuzkümmel

½–1 TL gemörserter oder gemahlener Kardamom

Salz

4 Scheiben Frühstücksspeck

6 Scheiben Vollkorntoastbrot

4–6 Salatblätter

½ Avocado

100 g Hähnchenbrust-Aufschnitt (hauchdünn)

Pro Portion
26 g E * 12 g F * 35 g KH

Mit Kreuzkümmel, Kardamom, Kurkuma, Safran und schwarzem Pfeffer macht man aus dem norddeutschen Eintopf aus Birnen, Bohnen und Speck im Handumdrehen eine vermeintlich jemenitische Spezialität.

BOHNENEINTOPF HAWAYIJ

Für 2 Portionen

¼ TL Pfefferkörner und Kardamom	
Je ½ TL Kreuzkümmel	
250 g grüne Bohnen	
250 g Kartoffeln	
¼ TL gemahlener Kurkuma	
½ Döschen Safran (0,05 g)	
500–750 ml Fleischbrühe	
150 g Rinderhack	
2 EL Semmelbrösel	
1 Eigelb	
Salz	
1 Birne	

1 Pfeffer, Kardamom und Kreuzkümmel in einer kleinen beschichteten Pfanne anrösten, bis die Gewürze duften. Etwas abkühlen lassen und dann im Mörser zerkleinern.

2 Bohnen putzen und in mundgerechte Stücke schneiden. Die Kartoffeln schälen und würfeln.

3 Kartoffeln, Bohnen, die Hälfte der angerösteten Gewürzmischung, Kurkuma und Safran mit der Brühe in einen Topf geben, aufkochen und 15 Minuten garen.

4 Hackfleisch mit Semmelbröseln, Eigelb, der zweiten Hälfte der Gewürzmischung und etwas Salz in einer Schüssel verkneten. Die Birne schälen und das Fruchtfleisch würfeln.

5 Mit einem Teelöffel Klößchen aus der Hackfleischmasse stechen und mit den Birnenwürfeln im Eintopf etwa 5 Minuten ziehen lassen.

INFO Wie man die Würzmischung Hawayij für den Vorrat zubereitet, können Sie auf Seite 9 lesen.

Pro Portion
23 g E ∗ 14 g F ∗ 38 g KH

Für die Gewürzmischung Baharat gibt es – ähnlich wie für Currypulver – so viele verschiedene Rezepte wie Gewürzhändler, und in jeder Region wird es aus verschiedenen Zutaten gemischt.

35 Min.
Pro Portion
622 kcal

BAHARAT-NUDEL-PFANNE MIT SPECK

1 Möhren, Zwiebel und Knoblauch schälen, die Möhre in Scheiben schneiden, die Zwiebel und die Knoblauchzehe würfeln. Den Speck in dünne Streifen schneiden.

2 Die Pinienkerne in einer beschichten Pfanne ohne Fett goldgelb rösten, auf einen Teller geben und beiseitelegen. In derselben Pfanne die Speckstreifen knusprig braten, mit einer Schaumkelle herausnehmen und auf Küchenpapier abtropfen lassen.

3 Das Gemüse im Speckfett 2 Minuten anbraten, die Brühe zugeben und zugedeckt etwa 15 Minuten kochen. Die Hälfte vom Gemüse mit der Flüssigkeit in einem hohen Gefäß pürieren und eventuell noch etwas Brühe zugeben, dass eine cremige Sauce entsteht. Mit den gemahlenen Gewürzen und Honig abschmecken. Nicht nachsalzen, der Speck enthält genügend Salz.

4 Gleichzeitig mit dem Gemüse die Nudeln in Salzwasser nach Packungsanweisung garen, abgießen und abtropfen lassen. Sauce mit dem restlichen Gemüse und den Nudeln mischen und mit Speck und Pinienkernen bestreut servieren.

Für 2 Portionen

250 g Möhren

1 Zwiebel

1 Knoblauchzehe

100 g durchwachsener Speck in dünnen Scheiben

20 g Pinienkerne

250–300 ml Gemüsebrühe

1 TL Paprikapulver

Je 1–2 Msp. Kreuzkümmel, Zimt, Nelken, Pfeffer, Koriander und Muskat – alles gemahlen

1–2 TL Honig

200 g Nudeln nach Geschmack (z. B. Penne)

Salz

Pro Portion
24 g E * 20 g F * 82 g KH

BOHNENEINTOPF HAWAYIJ

BAHARAT-NUDEL-PFANNE MIT SPECK

74

ORIENTBULETTEN
MIT MINZJOGHURT

MÖHREN-SESAM-
REMOULADE

Orientalische Hackbällchen werden meist ohne Ei und Semmelbrösel zubereitet und geraten so fester, als wir es gewohnt sind. Nun verwenden wir die typischen Gewürze für „Köfte, Kufteh oder Kufta" und machen saftige

ORIENTBULETTEN MIT MINZJOGHURT

Für 2 Portionen

1 Bund Petersilie

½ Bund Minze

2 Knoblauchzehen

250 g Rinderhack

1 Eigelb

2–3 EL Semmelbrösel

20 g Pistazienkerne

2 EL Rosinen

1–1½ TL Kreuzkümmel

½ TL Zimt

Salz, Pfeffer

1 EL Olivenöl

150 g Naturjoghurt (1,5 % Fett)

1 Bio-Zitrone

1 Petersilie und Minze waschen und trocken schütteln. Die Blättchen getrennt voneinander hacken.

2 Den Knoblauch schälen und fein hacken, zusammen mit dem Hackfleisch, Eigelb, Semmelbrösel, Petersilie, grob gehackten Pistazien und den Rosinen in eine Schüssel füllen und mit den Knethaken zu einem glatten Teig verarbeiten. Dabei mit Kreuzkümmel, Zimt, Salz und Pfeffer würzen.

3 Das Öl in einer beschichteten Pfanne erhitzen, aus der Hackfleischmasse 4 flache Buletten formen und von jeder Seite bei mittlerer Hitze 4 bis 5 Minuten braten.

4 Joghurt mit der gehackten Minze und abgeriebener Zitronenschale verrühren und mit wenig Salz und Pfeffer würzen.

5 Dazu passt Fladenbrot und ein Tomaten- oder Gurkensalat.

VARIANTE Besonders würzig geraten die Buletten mit Lammhack. Es enthält wie Rinderhack etwa 20 Prozent Fett.

Pro Portion
33 g E * 32 g F * 23 g KH

Sesampaste (Tahini) und Kreuzkümmel würzen nicht nur Hummus, den berühmten Kichererbsendip aus dem Vorderen Orient, sondern auch diese

MÖHREN-SESAM-REMOULADE

20 Min.
Pro Portion
165 kcal

1 Sesam in einer Pfanne ohne Fett rösten, bis die Samen anfangen zu springen, etwas abkühlen lassen und im Mörser sehr gut verreiben.

2 Das Ei pellen und fein hacken, Möhre schälen und fein reiben.

3 Joghurt mit Salatcreme, Sesampaste und Zitronensaft verrühren und mit Kreuzkümmel, Salz und Pfeffer abschmecken. Gehacktes Ei und Möhrenstreifen unterheben.

4 Die Remoulade passt zu Sülze, Roastbeef und gebratenem Fisch und eignet sich als Dip für Gemüsesticks oder als Grillsauce.

VARIANTE Statt mit geriebener Möhre schmeckt die Remoulade auch mit geraspeltem Kohlrabi oder Rettich.

Für 4 Portionen

2 EL Sesamsamen

1 hart gekochtes Ei

1 große Möhre (100 g)

150 g Naturjoghurt (1,5 % Fett)

100 g Salatcreme

2 TL Zitronensaft

½–1 TL Kreuzkümmel

Salz, Pfeffer

Pro Portion
5 g E * 12 g F * 7 g KH

Aus der arabischen und indischen Küche ist Kardamom nicht wegzudenken. In Europa findet er jedoch nur in der Weihnachtsbäckerei Beachtung. Zu Unrecht: Sein warmes, leicht scharfes Aroma überrascht im cremigen

KARTOFFELGRATIN MIT KARDAMOM

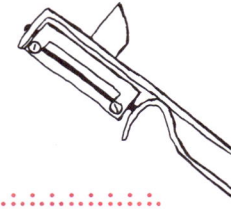

15 Min.
(+ 45 Min. backen)
Pro Portion
356 kcal

1 Kardamom aus den Kapseln brechen und im Mörser zerkleinern. Den Knoblauch schälen, die Zitrone heiß waschen, trocken reiben und 2 TL Schale abreiben.

2 Milch, Sahne, Mandelmus, Knoblauch, Kardamom, Zitronenschale, Pfeffer und ½ TL Salz in ein hohes Gefäß geben und kurz mit dem Schneidstab aufmixen.

3 Den Backofen auf 225 °C vorheizen.

4 Kartoffeln schälen und dünn schneiden oder hobeln. Die Kartoffeln mit der Milchmischung gut verrühren, sodass die Kartoffelscheiben nicht aneinander kleben, sondern sich mit der Sauce verbinden.

5 Die Mischung in eine flache Gratinform füllen und auf der mittleren Schiene etwa 45 Minuten goldgelb backen. Nach 10 Minuten die Hitze auf 180 °C herunterschalten.

INFO Lässt sich leicht für viele Portionen zubereiten. Verwenden Sie eine Gratinform, in der sie die Kartoffeln nicht höher als ca. 5 cm einschichten, sonst verlängert sich die Garzeit erheblich.

Für 2 Portionen

5 Kapseln Kardamom (oder ½–1 TL gemahlener Kardamom)

1 Knoblauchzehe

1 Bio-Zitrone

200 ml fettarme Milch

50 ml Sahne

1 EL Mandelmus

Pfeffer, Salz

500 g Kartoffeln

Pro Portion
9 g E * 17 g F * 39 g KH

Die arabisch-afrikanische Gewürz-Nuss-Mischung Dukkah wird traditionell mit Olivenöl und Brot „gestippt". Hier ersetzt sie auf aromatische Art die Walnüsse im

WALDORFSALAT MIT DUKKAH

25 Min.
Pro Portion
338 kcal

1 Haselnüsse, Pinienkerne und Sesam in einer Pfanne ohne Fett rösten, bis sie zu duften beginnen. Etwas abkühlen lassen und mit den Gewürzen in einem Mörser oder einem Blitzhacker zerkleinern.

2 Apfel und Sellerie schälen und grob raspeln. Mayonnaise mit Joghurt und Zitronensaft verrühren und mit etwa 2 EL der Gewürzmischung abschmecken.

3 Den Rest der Gewürzmischung über den Salat streuen.

4 Dazu schmeckt rustikales Krustenbrot.

INFO Das Rezept für einen Dukkah-Vorrat finden Sie auf Seite 9.

Für 2 Portionen

1 EL Haselnusskerne

1 EL Pinienkerne

1 EL Sesam

1 TL Koriandersamen

1 TL Kreuzkümmelsamen

¼ TL Pfefferkörner

¼ TL Salz

1 großer Apfel (rot oder grün)

250 g Sellerieknolle

2 EL Salatmayonnaise

3 EL Naturjoghurt (1,5 % Fett)

1 EL Zitronensaft

Pro Portion
7 g E * 23 g F * 23 g KH

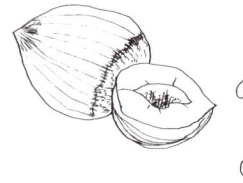

**40 Min.
Pro Portion
265 kcal**

Chermoula heißt eine nordafrikanische Marinade für Fisch und Fleisch. Petersilie, Koriander und Zitrone sorgen für Frische, Kreuzkümmel, Knoblauch und Paprika für Würze.

SCHLEMMERFILET MIT CHERMOULA

Für 2 Portionen

1 Zwiebel

1 Knoblauchzehe

1 EL Olivenöl

Je 3 Stiele Petersilie und Koriander

1 Bio-Zitrone

1 EL zimmerwarme Butter

1 Scheibe Toastbrot (oder 3–4 EL Semmelbrösel)

Je ¼–½ TL Paprika und Kreuzkümmel

Salz

2 Kabeljaufilets (à 150 g)

Pfeffer

1 Zwiebel und Knoblauch schälen, würfeln und in einer beschichteten Pfanne im Olivenöl 2 Minuten glasig dünsten. Petersilie und Koriander waschen, trocken schütteln und die Blättchen fein hacken. Zitrone waschen, trocken reiben und 1 TL Schale abreiben. Das Toastbrot im Blitzhacker zerkleinern.

2 Zwiebel und Knoblauch, Kräuter, Zitronenschale und weiche Butter mit den Toastbröseln, Paprika, Kreuzkümmel und ¼ TL Salz mischen.

3 Den Backofen auf 250 °C vorheizen.

4 Den Fisch trocken tupfen, dabei eventuell vorhandene Gräten herausziehen. Die Filets mit Salz und Pfeffer würzen und mit etwas Zitronensaft beträufeln. Den Fisch in eine Auflaufform legen und mit den gewürzten Bröseln bedecken, die Brösel dabei etwas andrücken.

5 Die Brühe zugießen und den Fisch auf der mittleren Schiene etwa 15 Minuten backen. Dazu passen Kartoffelpüree und Salat.

INFO Je nachdem, wie dick das Fischfilet ist, kann die Garzeit um einige Minuten variieren.

Pro Portion
28 g E * 12 g F * 8 g KH

Kreuzkümmel, auch Cumin genannt, ist in vielen Küchen der Welt zu Hause, in der europäischen leider kaum. Mit ihm lassen sich aber warm-herzhafte Fleisch- und Geflügelgerichte, Hülsenfrüchte und Gemüse zaubern. Oder ein

BLATTSALAT MIT FEIGEN & HONIG-KREUZ-KÜMMEL-VINAIGRETTE

1 Den Salat putzen und waschen, die Blätter trocken schleudern und in mundgerechte Stücke zupfen. Die Feigen waschen, trocken tupfen und längs sechsteln.

2 Essig mit Gemüsebrühe, Honig, Salz, Pfeffer und Kreuzkümmel verrühren, das Öl unterschlagen und eventuell noch einmal abschmecken. Das Dressing unter den Salat heben.

3 Blattsalat mit Feigen und Bündnerfleisch auf zwei Tellern anrichten, mit grob gehackten Walnüssen bestreut servieren.

VARIANTE Statt mit Walnüssen können Sie den Salat auch mit Granatapfelkernen bestreuen.

INFO kleine Mengen Salatdressing kann man ganz schnell in einem Glas mit Schraubdeckel mixen. Alle Zutaten einfüllen, fest zuschrauben und kräftig schütteln.

20 Min.
Pro Portion
248 kcal

Für 2 Portionen

½ Kopf Lollo rosso (oder 80–100 g anderer Blattsalat)

2 Feigen

2 EL milder Essig (z. B. Weinessig)

2 EL Gemüsebrühe

2 TL Honig

Salz, Pfeffer

¼–½ TL gemahlener oder grob geschroteter Kreuzkümmel

2 EL Walnussöl (oder Olivenöl)

30–40 g Bündnerfleisch oder Rindersaftschinken in hauchdünnen Scheiben

20 g Walnusskerne

Pro Portion
7 g E * 18 g F * 13 g KH

SCHLEMMERFILET MIT CHERMOULA

BLATTSALAT MIT FEIGEN & HONIG-KREUZKÜMMEL-VINAIGRETTE

ZATAR-SCHWEINE-
ROLLBRATEN

ENTENBRUST MIT
ORANGENSAUCE

85

45 Minuten
(+ 1 Stunde garen)
Pro Portion (bei 6)
630 kcal

Zatar, eine Gewürzmischung aus Sumach, Sesam und Zatarkraut, ist im Nahen Osten, in Nordafrika und in der Türkei ein beliebter Dip zu Fladenbrot. Wir ersetzen das Kraut durch den verwandten Thymian und füllen so einen

ZATAR-SCHWEINE-ROLLBRATEN

Für 4–6 Portionen

2 EL Sesam
2 EL frische Thymianblättchen (von 10–12 Zweigen)
1 EL Sumach
Salz, Pfeffer
4 EL Olivenöl
1 EL grober Senf
3 Zwiebeln
2 Möhren
5 getrocknete Aprikosen
1 Schweinerollbraten (1,5 kg)
500 ml Fleischbrühe
2 EL saure Sahne

1 Den Sesam in einer beschichteten Pfanne ohne Fett anrösten, bis er duftet und die Körnchen zu springen beginnen. Etwas abkühlen lassen und im Mörser fein zerreiben. Den Sesam mit Thymian, Sumach, je ½ TL Salz und Pfeffer, 2 EL Öl und Senf zu einer Paste verrühren.

2 Zwiebeln und Möhren schälen und grob würfeln, die Aprikosen in Streifen schneiden.

3 Den Schweinerollbraten aus dem Netz wickeln und das Fleisch auseinanderrollen. Zwei Drittel der Gewürzpaste auf die Innenseite des Fleisches streichen und aufrollen. Mit Küchengarn verschnüren und rundherum mit Salz und Pfeffer würzen.

4 Den Backofen auf 200 °C vorheizen.

5 Das restliche Öl (2 EL) in einem Bräter erhitzen und das Fleisch darin rundherum etwa 10 Minuten braun braten. Zwiebeln, Möhren und Aprikosen zugeben und 2 bis 3 Minuten mitrösten. Die Brühe zugießen und auf der unteren Schiene 1 Stunde garen. Den Braten in Alufolie wickeln und ruhen lassen, bis die Sauce fertig ist.

6 Die Sauce pürieren, eventuell etwas einkochen lassen und mit der restlichen Gewürzpaste abschmecken. Den Braten auswickeln, den ausgetretenen Fleischsaft und die saure Sahne zur Sauce geben und unterrühren. Braten in Scheiben schneiden und mit der Sauce servieren.

INFO Bereiten Sie etwas mehr Gewürzmischung zu und bieten Sie diese Ihren Gästen zum Nachwürzen bei Tisch an.

Pro Portion (bei 6)
48 g E * 45 g F * 7 g KH

In der arabischen Welt trinkt man seinen Kaffee gerne mit Kardamom, Zimt, Nelken, Piment und Muskatnuss gewürzt. Diese Mischung schmeckt aber auch ausgesprochen köstlich zur

ENTENBRUST MIT ORANGENSAUCE

1 Den Backofen auf 180 °C vorheizen.

2 Die Gewürze in einer kleinen Schüssel mischen. Die Haut der Entenbrust vorsichtig kreuzweise einschneiden und das Fleisch von beiden Seiten mit der Gewürzmischung einreiben.

3 Die Entenbrust auf der Hautseite in eine kalte beschichtete Pfanne legen. Die Hitze hochschalten und die Hautseite 3 bis 4 Minuten knusprig anbraten. Das Fleisch wenden und 1 Minute weiterbraten.

4 Die Pfanne auf der mittleren Schiene in den Ofen stellen und das Fleisch 8 bis 10 Minuten garen.

5 Zucker in einem kleinen Topf karamellisieren lassen, mit dem Orangensaft ablöschen und 2 Minuten stark einkochen lassen. Sahne mit Stärke verrühren, in die Sauce geben und noch einmal aufkochen lassen. Mit etwas Muskatnuss, Salz und Pfeffer abschmecken.

6 Die Entenbrust kurz auf Küchenpapier abtropfen lassen, in 4 bis 5 dicke Scheiben schneiden und mit der Sauce servieren.

VARIANTE Die Sauce können Sie auch mit anderen Säften zubereiten, z. B. Kirsch-, Johannisbeer- oder Granatapfelsaft.

INFO Dazu schmecken wahlweise Kartoffelgratin oder -püree und grüne Bohnen oder Brokkoli.

25 Min.
Pro Portion
432 kcal

Für 2 Portionen

Je 4 TL gemahlener Kardamom, Pfeffer, Salz und Zimt

Je 1–2 Msp. gemahlene Nelken, Piment und Muskatnuss

2 kleine Entenbrüste (à ca. 180 g)

1 EL Zucker

200 ml Blutorangensaft (aus 2–3 Früchten oder frischer Saft aus dem Kühlregal)

4 EL Kochsahne (15 % Fett)

1–2 TL Stärke

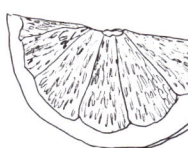

Pro Portion
33 g E * 21 g F * 23 g KH

Dass die Mischung aus Kardamom, Safran, Zimt und Rosenwasser nicht nur zum persischen Reispudding „Shole zard" passt, beweist dieses exotische Dessert:

APFELKOMPOTT PERSISCH

30 Min.
(+ kühlen)
Pro Portion
300 kcal

1 Die Äpfel schälen und würfeln. Stärke mit 3 EL Apfelsaft verrühren.

2 Zucker in einem kleinen Topf schmelzen lassen und goldgelb karamellisieren. Mit dem restlichen Apfelsaft ablöschen (Vorsicht, es spritzt), und auf die Hälfte der Flüssigkeit einkochen.

3 Die Äpfel und die Gewürze zugeben und einmal aufkochen. Die angerührte Stärke einrühren und erneut aufkochen. Das Apfelkompott zum Abkühlen in eine Schüssel füllen.

4 Ricotta, Quark, Honig und Rosenwasser mit dem Handmixer cremig aufschlagen und in vier Gläser verteilen. Das abgekühlte Apfelkompott darauf verteilen und mit etwas Zimt und den gehackten Pistazien bestreut servieren.

INFO Das Dessert ist auch für viele Portionen unkompliziert zuzubereiten. Sie können Creme und Kompott einen Tag im Voraus zubereiten und kurz vor dem Essen in Portionsgläser füllen.

Für 4 Portionen

2 Äpfel (rot oder grün)

1 gehäufter TL Stärke

250 ml Apfelsaft

1 gehäufter EL Zucker

Mark von ½ Vanilleschote

½ Päckchen Safranfäden (0,05 g)

2 Msp. gemahlener Kardamom

250 g Ricotta

150 g Magerquark

2 EL flüssiger Honig

½ TL Rosenwasser

½ TL Zimt

1 EL Pistazien (ungesalzen)

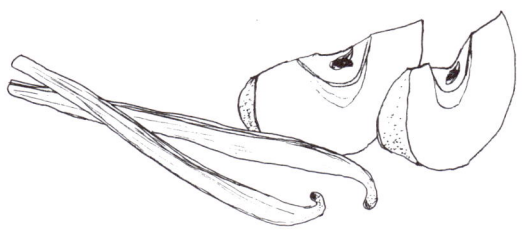

Pro Portion
11 g E * 9 g F * 40 g KH

Zarte, weiche Mandelhörnchen sind eine wahre Köstlichkeit. Wenn statt der Mandeln nun eine Mischung aus köstlichen Nusskernen und die Würze aus Zimt, Nelke und Muskatnuss dazukommt, wird jede Naschkatze schwach.

ZIMT-NUSSHÖRNCHEN

40 Min.
(+ kühlen)
Pro Stück
185 kcal

1 Marzipanrohmasse auf der groben Gemüsereibe in eine Schüssel reiben. Eiweiß, Puderzucker, Mehl, Backpulver, Zimt, Muskatnuss und Nelke zugeben und mit den Knethaken des Handmixers zu einer glatten Masse verrühren.

2 Die Nüsse mittelfein hacken und auf einen tiefen Teller geben.

3 Den Backofen auf 180 °C vorheizen.

4 Mit einem Esslöffel eine kleine Menge Marzipanmasse abstechen und zu den gemischten Nüssen geben. Mit den Händen in der Nussmasse wälzen, dabei zu kleinen Hörnchen formen und nebeneinander mit etwas Abstand auf ein mit Backpapier belegtes Blech legen.

5 Die Hörnchen auf der mittleren Einschubleiste 12 Minuten goldbraun backen, herausnehmen und auf dem Blech abkühlen lassen. Erst wenn sie vollständig abgekühlt sind, vorsichtig vom Backblech lösen, sonst zerbrechen sie.

6 Die Kuvertüre im Wasserbad schmelzen und die Enden der Nusshörnchen darin eintauchen, etwas abtropfen lassen und auf Backpapier trocknen lassen.

INFO Zimt gehört zu den Gewürzen, mit denen man großzügig umgehen kann. Vom milden Ceylon-Zimt können Sie gerne auch 2 TL verwenden, ohne dass die Hörnchen überwürzt wären.

Für 15 Stück

200 g Marzipanrohmasse

1 Eiweiß

150 g Puderzucker

1 gehäufter EL Mehl

1 Msp. Backpulver

1 TL Zimt

Je ¼ TL gemahlene Nelke und Muskatnuss

100 g gemischte Nüsse (z. B. Pistazien, Pinien, Walnüsse, Mandeln)

100 g Zartbitterkuvertüre

Pro Stück
4 g E * 10 g F * 20 g KH

Cremige **KOKOSMILCH** ersetzt Milch oder Sahne. Ihr exotisches Aroma passt gut zu herzhaften Suppen und Saucen sowie zu Milchreis und Pudding.

Kurkuma oder Safran verleihen **TANDOORIPASTE** ihre leuchtende Farbe. Die würzige Creme wird für Fleischmarinaden mit Joghurt gemischt.

SCHWARZKÜMMEL wird meist als ganzer Samen verwendet. Der herbe, nussige, leicht süßliche Geschmack wird durch Anrösten verstärkt.

TAMARINDE wird in Europa meist als Paste im Handel angeboten. Sie würzt Chutneys und Gemüsegerichte auf sauer-fruchtige Art.

Leuchtend gelber **KURKUMA** ist die Basis jeder Curry-Gewürzmischung, setzt aber auch als Solo-Gewürz erdig-warme und leicht scharfe Akzente.

FISCHSTÄBCHEN TRIFFT KOKOS

Indisch Inspiriertes

Man nehme: Ein Lieblingsgericht, das mal einen neuen Style vertragen könnte, und ein paar indische Gewürze. Schon verwandeln sich vertraute Gerichte in reines Entzücken. Also los: Entdecken Sie Kurkuma, Schwarzkümmel, Ingwer und Fenchelsamen, probieren Sie Kokosmilch, Tamarinden- oder Tandooripaste. Kombinieren Sie die neuen Aromen mit einfachem Tomatensalat, Fischstäbchen oder Milchreis.

Die bengalische Gewürzmischung Panch Phoron gibt gerösteten Brotwürfeln Raffinesse, Safranbutter und milde Currypaste schmeicheln einer schnellen Garnelenpfanne, gefüllte Eier werden mit Kokos und Garam Masala zum Renner auf dem kalten Buffet und Chai-Gewürze machen aus dem Schokoladenpudding einen Gaumenkitzler nach indischer Art. Es wird Zeit, die Gewürze Indiens für die eigene Küche zu nutzen.

Schwarzkümmel und Kurkuma sind typische Zutaten für indische Linsen-
gerichte und Gemüsecurrys. Schwäbische Spätzle vertragen sich allerdings
ebenso gut mit diesen Gewürzen.

INDISCHGELBE SPÄTZLEPFANNE

40 Min.
Pro Portion
605 kcal

1 Mehl, Eier, Kurkuma und ¼ TL Salz mit 6 bis 8 EL Wasser in einer
Schüssel mit den Knethaken zu einem zähflüssigen Teig vermengen.
10 Minuten ruhen lassen.

2 Frühlingszwiebeln putzen und schräg in 2 cm breite Streifen schneiden,
Champignons putzen und je nach Größe halbieren oder vierteln.

3 Den Spätzleteig durch eine Presse in zwei Portionen in kochendes
Salzwasser pressen und kurz aufkochen lassen. Mit einer Schaumkelle
herausheben und abtropfen lassen.

4 Frühlingszwiebeln und Champignons in einer beschichteten Pfanne
in Butter und Öl 5 Minuten braten, die abgetropften Spätzle zugeben
und erhitzen. Mit Schwarzkümmel bestreut servieren.

INFO Fertig gegarte Spätzle eignen sich sehr gut für den Vorrat.
Tiefgefroren in kochendes Wasser geben und in wenigen Minuten
auftauen und erhitzen.

,,

Für 2 Portionen

200 g Mehl

2 Eier

1–2 TL Kurkuma

Salz

1 Bund Frühlingszwiebeln

300 g Champignons

1 EL Butter

1 EL Öl

2 TL Schwarzkümmel

,,

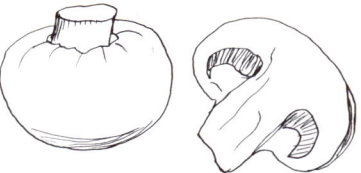

Pro Portion
23 g E * 20 g F * 79 g KH

Pol Sambol (Coconut Sambal) ist eine Beilage aus frischer Kokosnuss, die in Sri Lanka zu Reis und Curry gereicht wird – warum nicht auch mal zu Kartoffelsalat?

KARTOFFELSALAT SRI LANKA

30 Min.
(+ Kühlzeit)
Pro Portion
334 kcal

1 Kartoffeln waschen und in kochendem Salzwasser 20 Minuten garen lassen.

2 Kokosraspel in einer Pfanne ohne Fett 2 bis 3 Minuten goldgelb rösten und beiseitestellen. Limette waschen, trocken reiben und die Schale rundherum abreiben. Limette halbieren und auspressen. Zwiebel schälen und fein würfeln.

3 Kokosmilch, Brühe und Zwiebeln erhitzen, aber nicht aufkochen. Mit Limettensaft und -schale, Chilipulver und Salz sehr kräftig würzen.

4 Die Kartoffeln heiß pellen und in dicke Scheiben schneiden. Mit der Brühe übergießen und abkühlen lassen.

5 Tomaten waschen, halbieren und unter den Salat mischen. Kresse vom Beet schneiden und zusammen mit den Kokosraspeln auf den Kartoffelsalat streuen.

,,,

Für 2 Portionen

500 g festkochende Kartoffeln

Salz

2 EL getrocknete Kokosraspel

1 Bio-Limette

1 rote Zwiebel

125 ml Kokosmilch

100 ml Gemüsebrühe

2 Msp.–¼ TL Chilipulver

150 g Cocktailtomaten

1 Schälchen frische Kresse oder ½ Bund Schnittlauch

,,,

Pro Portion
6 g E * 16 g F * 38 g KH

In der indischen Küche verwendet man Zimt, Chili und Garam Masala zum Würzen der Tikka-Tomaten-Sauce. Bei uns würzt die duftend-scharfe Gewürzmischung das Dressing für den

TIKKA-TOMATENSALAT

Für 2 Portionen

350 g Tomaten

1 kleine rote Zwiebel

1 Bund Frühlingszwiebeln

1 EL Weinessig

3 EL Gemüsebrühe oder -fond

¼ TL Zimt

1–2 Msp. Chilipulver

Je 1–2 Msp. Koriander, Kreuz-kümmel, Nelken, Kardamom (oder 1 TL Garam Masala)

Salz, Zucker

2 EL Rapsöl

Pro Portion
2 g E * 10 g F * 12 g KH

1 Tomaten waschen, trocken reiben und je nach Größe halbieren oder in Spalten schneiden. Zwiebel schälen und in dünne Spalten schneiden. Die Frühlingszwiebeln waschen, trocken reiben und schräg in 1 cm dicke Ringe schneiden.

2 Essig mit Brühe, den Gewürzen, etwas Salz und Zucker verrühren und das Öl unterrühren.

3 Das Dressing unter Tomaten und Zwiebeln heben und servieren.

VARIANTE Das Dressing schmeckt auch zu kräftigen Blattsalaten wie Rucola oder Radicchio.

Panch Phoron aus schwarzem Senf, Schwarzkümmel, Fenchel, Kreuzkümmel und Bockshornklee würzt die Croûtons – und nimmt den Blattsalat mit auf einen Aroma-Ausflug nach Nordindien.

25 Min.
Pro Portion
247 kcal

BLATTSALAT MIT PANCH-PHORON-CROÛTONS

1 Das Toastbrot würfeln, die Gewürze grob mörsern. Butter in einer Pfanne erhitzen und die Gewürze zugeben, bis sie anfangen zu duften. Brotwürfel in die Pfanne geben und bei mittlerer Hitze goldbraun rösten. Die Croûtons auf einem Teller abkühlen lassen.

2 Salat waschen, trocken schleudern und eventuell zerkleinern. Die Nektarine waschen, trocknen und in Spalten vom Stein schneiden.

3 Zitronen- und Orangensaft mit Salz, Pfeffer, Zucker und Öl zu einem Dressing verquirlen, Salat und Pfirsichspalten untermischen.

4 Die Croûtons über den Salat streuen und sofort servieren.

INFO Bereiten Sie einige Croûtons mehr zu. In einer Dose verpackt bleiben sie einige Tage knusprig. Sie schmecken z. B. auch gut in einer Gemüsecremesuppe.

Für 2 Portionen

2 Scheiben Toastbrot

Je ½ TL schwarze Senfsamen, Schwarzkümmel, Fenchel, Kreuzkümmel und Bockshornklee

1 EL Butter

100 g Baby-Leaf-Salat (oder eine andere Sorte Blattsalat)

1 Nektarine

1 EL Zitronensaft

3 EL Orangensaft

Salz, Pfeffer

½ TL Zucker

2 EL Rapsöl

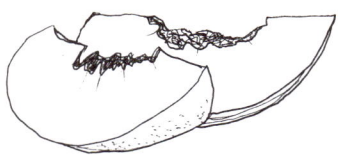

Pro Portion
3 g E * 15 g F * 23 g KH

TIKKA-
TOMATENSALAT

BLATTSALAT MIT
PANCH-PHORON-
CROÛTONS

GARAM-
MASALA-EIER

BRATWURST MIT
ZUCCHINI-CHUTNEY

20 Min.
Pro Portion (bei 6)
125 kcal

Gefüllte Eier sind nach wie vor der Renner auf jedem kalten Buffet – erst recht, wenn sie wie hier mit indischen Gewürzen und einem Topping aus gerösteten Kokosraspeln serviert werden.

GARAM-MASALA-EIER

,,,,,,,,,,,,,,,,,,,,,,,,,,,,,,,,,,,,

Für 4–6 Portionen

2 EL Kokosraspel

1 Tomate

½ Bund Petersilie

1 kleine Knoblauchzehe

6 hart gekochte Eier

100 g Frischkäse (13 % Fett)

1 EL Tomatenmark

Je ¼–½ TL Koriander und Kreuzkümmel

Je 1–2 Msp. Zimt, Nelken und Kardamom

Salz

,,,,,,,,,,,,,,,,,,,,,,,,,,,,,,,,,,,,

1 Kokosraspel in einer beschichteten Pfanne ohne Fett goldbraun rösten, auf einen Teller geben und abkühlen lassen.

2 Die Tomate waschen, trocken reiben und vierteln. Stielansatz, Rippen und Kerne entfernen und das Fruchtfleisch ganz klein würfeln. Petersilie waschen und trocken schütteln, die Blättchen von den Stielen zupfen und hacken. Knoblauch schälen und durchpressen.

3 Eier schälen und der Länge nach durchschneiden. Eigelb herauslösen und mit Frischkäse, Knoblauch, Tomatenmark und der Hälfte der Kokosraspeln cremig rühren. Mit den Gewürzen und Salz abschmecken, zum Schluss die Tomatenwürfel unterheben.

4 Zum Schluss die Creme in die Eihälften füllen und mit den restlichen Kokosraspeln bestreuen.

Pro Portion (bei 6)
8 g E * 9 g F * 2 g KH

Süßsauer, teilweise sehr pikant werden Chutneys in der indischen Küche häufig als Dips zu Fladenbrot serviert. Wir reichen sie als Edelvariante der einfachen Currysauce zum deutschen Imbiss-Klassiker.

40 Min.
Pro Portion
489 kcal

BRATWURST MIT ZUCCHINI-CHUTNEY

1 Die Tomaten und die Zucchini putzen und würfeln. Zwiebeln und Ingwer schälen und fein hacken. Die Datteln längs halbieren, die Steine herauslösen und das Fruchtfleisch ebenfalls würfeln. Die Chilischote in Ringe schneiden.

2 1 EL Öl in einem Topf erhitzen, Zwiebeln, Knoblauch und Ingwer 2 Minuten glasig dünsten. Die Hälfte der Tomaten, Zucchini, Chilischote, Kreuzkümmel, Kurkuma und Tamarinde zugeben und offen etwa 10 Minuten einkochen lassen.

3 Gleichzeitig die Bratwürste im restlichen Öl (1 EL) von jeder Seite 3 bis 4 Minuten braten. Die restlichen Tomatenwürfel zum Chutney geben und kurz erhitzen. Mit Zucker und Salz abschmecken und zu den Bratwürsten servieren. Dazu passen Backofen-Pommes und Salat.

VARIANTE Bereiten Sie Chutney auf Vorrat und füllen es wie Konfitüre kochend heiß in sterilisierte Gläser mit Drehverschluss. Dann sollten Sie aber die ganze Menge Tomaten von Anfang an mitkochen.

INFO Wer keine Tamarinde im Haus hat, säuert das Chutney einfach mit 1 bis 2 Esslöffeln Zitronensaft.

,,,
Für 2 Portionen

200 g Tomaten

150 g Zucchini

1 Zwiebel

30 g Ingwer

5 getrocknete Datteln (30 g)

½–1 Chilischote

2 EL Rapsöl

½ TL Kreuzkümmel und Kurkuma

1 TL Tamarindenpaste

2 Bratwürste (200 g)

1–2 EL brauner Zucker

Salz
,,,

Pro Portion
15 g E * 35 g F * 26 g KH

Ingwer, Knoblauch und Currypulver würzen mit milder Schärfe die Garnelen, der Weizen wird mit Safranbutter beträufelt – die Würzidee stammt aus Pakistan.

GARNELEN-PFANNE PAKISTANISCH

20 Min.
Pro Portion
681 kcal

1 Die aufgetauten Garnelen trocken tupfen. Ingwer und Knoblauch schälen und fein hacken. Den Hartweizen nach Packungsanweisung 10 Minuten in Salzwasser garen. Die Butter in einem kleinen Topf erhitzen und den Safran darin auflösen.

2 Öl in einer beschichteten Pfanne erhitzen, Ingwer und Knoblauch zugeben und 1 Minute andünsten.

3 Brühe, Sahne, Erbsen und Currypulver zugeben und offen 3 Minuten einkochen. Gut umrühren und eventuell mit etwas Salz abschmecken. Stärke mit etwas kaltem Wasser anrühren und die Sauce damit binden. Garnelen zugeben und kurz erhitzen, noch einmal abschmecken.

4 Den Hartweizen abgießen, mit der Safranbutter beträufeln und zur Garnelenpfanne servieren.

VARIANTE Statt Garnelen können Sie die gleiche Menge helles Fischfilet oder Lachs etwa 2 Minuten in der Sauce erhitzen.

Für 2 Portionen

250 g gegarte Garnelen
(tiefgefroren und aufgetaut)

10 g Ingwer

2 Knoblauchzehen

125 g vorgegarter Hartweizen

Salz

2 EL Butter

½ Döschen Safran (0,05 g)

1 EL Rapsöl

150 ml Gemüsebrühe

75 ml Sahne

150 g Erbsen

1 EL mildes Currypulver

1–2 TL Stärke

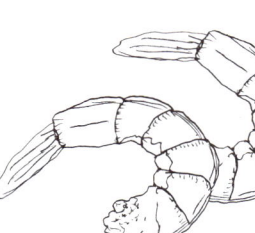

Pro Portion
37 g E * 31 g F * 59 g KH

Tandooripaste aus Kurkuma, Kreuzkümmel, Koriander, Bockshornklee, Knoblauch, Zwiebeln und Ingwer würzt sonst zeitaufwendige Schmorgerichte, in den blitzschnell zubereiteten Nuggets sorgt sie für ein tolles Aroma.

25 Min.
Pro Portion
418 kcal

TANDOORI-HÄHNCHEN-NUGGETS

1 Tandooripaste und Joghurt verrühren. Die Hähnchenbrustfilets in 2 cm dicke Scheiben schneiden und im Gewürzjoghurt wenden.

2 Die Cornflakes in einen Gefrierbeutel geben und gut zerstoßen (z. B. mit einem Nudelholz) oder mit den Händen zerdrücken. Nacheinander einige Fleischstücke in den Beutel geben. Den Beutel verschließen und gut schütteln, bis die Fleischstücke rundherum paniert sind.

3 Das Öl in einer beschichteten Pfanne erhitzen und die Hähnchen-Nuggets bei mittlerer Hitze von beiden Seiten jeweils 3 bis 5 Minuten goldgelb braten. Kurz auf Küchenpapier abtropfen lassen.

VARIANTE Die Panierung schmeckt auch zu Fisch. Verwenden Sie Filets mit festem Fleisch, wie beispielsweise Kabeljau, damit der Fisch auch nach dem Panieren noch ansehnlich ist.

INFO Dazu passt Erbsenreis und Tomatensauce oder Backofen-pommes und Salat.

Für 2 Portionen

250 g Hähnchenbrustfilet

1–1 ½ EL Tandooripaste

1 EL Natur-Joghurt (1,5 % Fett)

80 g Cornflakes

4 EL Rapsöl

Pro Portion
32 g E * 21 g F * 24 g KH

Mit Koriandergrün und Limettensaft wird der Dip für die Roten Bete schön frisch, geröstete Korianderkörner und Kreuzkümmel sorgen für milde Würze.

KOKOS-CHILI-FISCH-STÄBCHEN

Für 2 Portionen

je 1 TL Koriandersamen und Kreuzkümmel

100 g Naturjoghurt (1,5 % Fett)

1 EL Salatcreme

Salz, Pfeffer

200 g vorgegarte Rote Bete (Kühlregal)

½ Bund Koriander (oder 1 Schälchen frische Kresse)

1 Limette

300 g Kabeljaufilet

3 EL Kokosraspel

¼ TL Chiliflocken

2–3 EL Rapsöl

1 Koriander und Kreuzkümmel in einer beschichteten Pfanne ohne Fett anrösten, etwas abkühlen lassen und grob mörsern. Joghurt und Salatcreme mit den gemörserten Gewürzen, Salz und Pfeffer würzen.

2 Rote Bete würfeln. Koriander waschen, trocken schütteln und grob schneiden. Rote Bete und Korianderblättchen mischen.

3 Die Limette halbieren. Das Fischfilet in breite Streifen schneiden und mit Salz, Pfeffer und dem Saft einer halben Limette würzen. Eventuell vorhandene Gräten dabei mit einer Pinzette herausziehen.

4 Die Kokosraspel mit Chiliflocken mischen, auf einen Teller geben und die Fischfilets darin wenden.

5 Etwas Öl in einer beschichteten Pfanne erhitzen und den Fisch darin von beiden Seiten 2 bis 4 Minuten bei mittlerer Hitze goldbraun und knusprig braten.

6 Den Fisch kurz auf Küchenpapier abtropfen lassen und mit der Roten Bete auf Tellern anrichten. Den Joghurt auf der Roten Bete verteilen. Dazu schmeckt Fladenbrot.

INFO Am besten eignen sich Rückfilets, sogenannte Loins. Sie enthalten nahezu keine Gräten und sind gleichmäßig dick.

Pro Portion
30 g E * 21 g F * 14 g KH

Korma nennt man mild gewürzte Currys, die mit Nüssen und einer Tomaten-Joghurt-Sauce serviert werden. Das schmeckt auch im

CURRY-GEMÜSE-OMELETT

30 Min.
Pro Portion
487 kcal

1 Zwiebel, Knoblauch und Ingwer schälen. Die Zwiebel in Streifen schneiden, Knoblauch und Ingwer hacken. Zucchini putzen, halbieren und in Scheiben schneiden. Die Pilze putzen und je nach Größe halbieren oder vierteln.

2 ½ EL Öl in einer beschichteten Pfanne erhitzen, das Gemüse darin 3 bis 5 Minuten knackig garen. Joghurt mit Mehl, Currypulver und Tomatenmark verrühren und unterrühren. Aufkochen und 2 Minuten köcheln. Mit Salz abschmecken. Das Gemüse aus der Pfanne nehmen und die Pfanne mit einem Stück Küchenpapier auswischen.

3 Das restliche Öl (½ EL) in die Pfanne geben. Eier, Milch, etwas Salz und Pfeffer verrühren und in die Pfanne gießen. Etwa 3 Minuten stocken lassen, bis die Unterseite leicht gebräunt und die Oberseite noch ein wenig flüssig ist.

4 Das Gemüse und die Cashewnüsse auf der einen Seite des Omeletts verteilen, die andere Seite über das Gemüse klappen. Etwa 1 Minute erhitzen, auf einen Teller gleiten lassen und mit Schnittlauch bestreut servieren.

VARIANTE Schmeckt auch mit Erbsen und Paprikaschote oder Frühlingszwiebeln und Möhren.

Für 1 Portion

1 Zwiebel

2 Knoblauchzehen

20 g Ingwer

1 kleine Zucchini (100 g)

100 g Champignons

1 EL Rapsöl

100 g Naturjoghurt (1,5 % Fett)

½ TL Mehl

1 TL mildes Currypulver

2 TL Tomatenmark

Salz, Pfeffer

2 Eier

3 EL Milch

1 EL Cashewnüsse (geröstet und gesalzen)

¼ Bund Schnittlauch

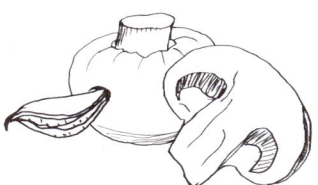

Pro Portion
28 g E * 31 g F * 22 g KH

CURRY-GEMÜSE-
OMELETT

KOKOS-CHILI-
FISCHSTÄBCHEN

FRISCHE ERBSEN-
SUPPE
PUNJAB-STYLE

NUDELN MIT RASAM-
TOMATENSAUCE

Die Nordindische Küche ist ebenso würzig wie im restlichen Subkontinent, aber weniger scharf.

FRISCHE ERBSENSUPPE PUNJAB-STYLE

Für 2 Portionen

1 große Zwiebel

1 Knoblauchzehe

20 g Ingwer

1 Fleischtomate (200 g)

½ Bund Koriander
(oder Petersilie)

1 EL Rapsöl

½ TL Kurkuma

300 g TK-Erbsen

400 ml Brühe

2 EL saure Sahne

Salz, Pfeffer

1 Zwiebel, Knoblauch und Ingwer schälen und hacken. Die Tomate waschen, trocken reiben und würfeln, Korianderblättchen waschen, trocken schütteln und fein schneiden. Koriander und Tomaten mischen und beiseitestellen.

2 Das Öl in einem Topf erhitzen, Zwiebeln, Knoblauch und Ingwer kurz andünsten. Kurkuma zugeben und ganz kurz andünsten.

3 Erbsen und Brühe zugeben und zugedeckt 8 bis 10 Minuten garen. Die saure Sahne zugeben und die Suppe pürieren, nicht mehr kochen lassen! Wer eine ganz feine Suppe möchte, streicht sie noch durch ein Sieb. Mit Salz und Pfeffer abschmecken

4 Die Suppe auf Tellern anrichten und mit Tomaten und Koriander bestreut servieren.

VARIANTE Für eine feine Schärfe braten Sie Zwiebeln, Knoblauch und Ingwer in Chiliöl an.

Pro Portion
13 g E * 10 g F * 26 g KH

Kurkuma, Kreuzkümmel, Koriandersamen und schwarzer Pfeffer sind die Zutaten für Rasam Masala. Schmeckt superscharf zusammen mit viel Chili, Tamarinde und frischem Korianderkraut – es geht aber auch milder.

NUDELN MIT RASAM-TOMATENSAUCE

30 Min.
Pro Portion (bei 3)
430 kcal

1 Die Zwiebel schälen, würfeln und in einem Topf im heißen Öl 2 Minuten lang glasig dünsten. Kurkuma, Kreuzkümmel, Koriander und Pfeffer, Brühe und die Linsen dazugeben und 10 Minuten zugedeckt bei milder Hitze garen.

2 Die Tomaten, Tamarinde und Zucker hinzufügen und zugedeckt weitere 10 Minuten köcheln lassen. Mit Salz und eventuell weiteren Gewürzen abschmecken.

3 Die Nudeln nach Packungsanweisung in Salzwasser garen.

4 Koriander waschen, trocken schütteln und fein schneiden.

5 Die Nudeln abgießen und mit der Tomatensauce servieren. Das Koriandergrün darüberstreuen.

Für 2–3 Portionen

1 große Zwiebel

1 EL Rapsöl

Je ¼–½ TL Kurkuma, Kreuzkümmel, Koriandersamen, Pfeffer (gemahlen oder gemörsert)

100 ml Gemüsebrühe

50 g rote Linsen

1 Dose Pizzatomaten (400 g)

1–2 TL Tamarindenpaste

2 TL brauner Zucker

Salz

250 g Bandnudeln

3 Stiele Koriandergrün

Pro Portion (bei 3)
15 g E * 5 g F * 74 g KH

Für indischen Chai würzt man Schwarztee mit Ingwer, Zimt, Nelken, Muskat und Kardamom. Was im Tee schmeckt, bringt auch einen Hauch Exotik in den

CHAI-SCHOKO-PUDDING

20 Min.
(+ Kühlzeit)
Pro Portion
166 kcal

1 Ingwer schälen und in Scheiben schneiden, Kardamom, Zimt und Nelke im Mörser grob zerstoßen.

2 450 ml Milch mit den Gewürzen aufkochen und 10 Minuten auf der ausgeschalteten Herdplatte ziehen lassen. Dann die Milch durch ein Sieb gießen, zurück in den Topf geben und aufkochen.

3 Die restliche Milch (100 ml) mit Stärke, Kakaopulver und Zucker glatt rühren und mit einem Schneebesen in die kochende Milch rühren. Einmal aufkochen lassen.

4 Den Pudding in Gläser füllen, abkühlen lassen und vor dem Servieren mit der geraspelten Schokolade bestreuen.

VARIANTE Servieren Sie den Pudding mit einigen Mango- oder Pfirsichwürfeln.

Für 4 Portionen

20 g frischer Ingwer

8 Kapseln Kardamom

1 Zimtstange

1 Nelke

1 Msp. Muskat

550 ml fettarme Milch (1,5 % Fett)

2 EL Speisestärke (30 g)

2 EL Kakaopulver (20 g)

2 EL Zucker (40 g)

4 TL Raspelschokolade

Pro Portion
6 g E * 4 g F * 26 g KH

In Indien wird Safran in herzhaften Reisgerichten verwendet.
Das teuerste Gewürz der Welt verfeinert jedoch auch süße Speisen wie den

SAFRANMILCHREIS

30 Min.
Pro Portion (bei 4)
261 kcal

1 Die Milch mit Kokosmilch, Safran und 1 EL Zucker aufkochen. Den Reis dazugeben und 20 bis 25 Minuten zugedeckt bei kleinster Hitze aufquellen lassen.

2 Erdbeeren waschen, 4 schöne Früchte mit Grün beiseitelegen, die restlichen Erdbeeren putzen und mit Rosenwasser, Zitronensaft und dem restlichen Zucker pürieren. Das Erdbeerpüree mit dem Milchreis servieren. Die ganzen Erdbeeren daraufsetzen und servieren.

INFO Der Milchreis schmeckt warm oder kalt, als süßes Hauptgericht reicht die angegebene Menge für 2 Portionen.

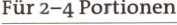
Für 2–4 Portionen

250 ml fettarme Milch
(1,5 % Fett)

150 ml Kokosmilch (Konserve)

½ Döschen Safran (0,05 g)

2 EL Zucker

100 g Milchreis

500 g Erdbeeren

½–1 TL Rosenwasser

2–3 EL Zitronensaft

Pro Portion (bei 4)
5 g E * 8 g F * 40 g KH

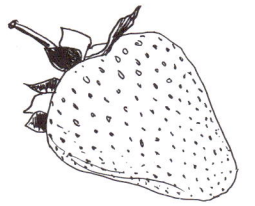

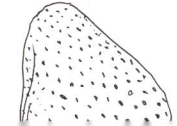

Das feine Lakritzaroma vom STERNANIS sitzt nur in den zackenförmigen Hüllen, die glatten Samen brauchen Sie nicht mitzuverwenden.

Neben grünen Sorten gibt es auch violette SHISOKRESSE. Das dekorative Kraut schmeckt zitronig-frisch und ist weniger scharf als Gartenkresse.

Japanischer WASABI ist teuer. Daher wird er in Europa meist in kleinen Anteilen mit reichlich Meerrettich vermischt angeboten.

Die holzigen Stängel von ZITRONENGRAS werden nach dem Kochen entfernt. Das weiche Innere kann man fein gehackt mitessen.

KORIANDERKRAUT duftet nach Orangenschalen und Pfeffer. Nutzen Sie die zarten Blätter nur frisch, beim Kochen verschwinden die Aromen schnell.

FRIKASSEE TRIFFT KORIANDER

Südostasiens Gewürzküche

Die hinreißenden Küchen von Japan, Vietnam oder Thailand eins zu eins kopieren? Das muss nicht sein! Aber von den Würzideen und Düften dieser Länder für die eigene Küche zu profitieren, ist eine köstliche Idee. Mit einem Hauch von Asien gewinnen liebgewonnene Rezepte neuen Glanz. Kräuter, scharfe Pasten, getrocknete Algen und fermentierte Saucen – die südostasiatische Würzkunst ist abwechslungsreich.

Natürlich schmücken Sternanis, Zitronengras, Kokosmilch und Sesamsalz nicht nur asiatische Delikatessen. Im Handumdrehen kommen auch Hühnerfrikassee, Blumenkohlsuppe, gefüllte Paprikaschoten oder Apfel-Möhren-Rohkost mit fernöstlicher Anmutung daher. Die zauberhaften Verwandlungen gelingen nicht etwa durch aufwendige Küchenprozeduren, sondern durch den schlichten Griff ins Gewürzregal.

Chinesisches 5-Gewürze-Pulver ist so etwas wie ein Universalgewürz und soll nach der Yin & Yang-Philosophie für ein perfekt abgestimmtes Gleichgewicht in den Speisen sorgen.

30 Min.
Pro Portion
543 kcal

GEMÜSE-FLEISCH-PFANNE MIT YIN-YANG-SAUCE

Für 2 Portionen

1 Knoblauchzehe

20 g Ingwer

½ Chilischote

75 g Pflaumenmus

1–2 EL Reisessig (oder Weinessig)

2–3 EL Sojasauce

Je ¼ TL Fenchel, Zimt und Szechuanpfeffer (oder schwarzer Pfeffer)

2 Zacken Sternanis

1 Nelke

Salz, Pfeffer

300 g Brokkoli

1 rote Paprikaschote

1 große Zwiebel

½ Bund Koriander

1 Scheibe Schweinenacken ohne Knochen (250 g)

2 EL Rapsöl

100 ml Gemüsebrühe

4 EL Sherry (oder Gemüsebrühe)

2 TL geröstetes Sesamöl

½ TL Stärke

1 Knoblauch und Ingwer schälen, grob hacken. Die Kerne aus der Chili entfernen. Knoblauch, Ingwer und Chili mit Pflaumenmus, Essig und Sojasauce in einem hohen Gefäß mit dem Stabmixer pürieren.

2 Fenchel, Pfeffer, Sternanis und Nelke fein mörsern. Mit dem Zimt unter die Sauce rühren. Eventuell mit wenig Salz abschmecken.

3 Brokkoli putzen, in kleine Röschen schneiden, Paprikaschote putzen, die Kerne entfernen und das Fruchtfleisch in Streifen schneiden. Zwiebel schälen und in Streifen schneiden. Koriander waschen, trocken schütteln und die Blättchen grob schneiden.

4 Das Fleisch in Streifen schneiden. 1 EL Öl in einer beschichteten Pfanne erhitzen und das Fleisch darin von allen Seiten etwa 3 Minuten kräftig anbraten, dabei mit Salz und Pfeffer würzen. Das Fleisch aus der Pfanne nehmen und beiseitestellen.

5 Das restliche Öl (1 EL) in derselben Pfanne erhitzen, das Gemüse darin etwa 2 Minuten andünsten, Brühe zugeben und 5 bis 7 Minuten zugedeckt bei mittlerer Hitze knackig garen.

6 Das Fleisch wieder zugeben und erhitzen. Sherry und Sesamöl mit der Stärke glatt rühren und unterrühren, einmal aufkochen lassen.

7 Die Gemüse-Fleisch-Pfanne mit der Pflaumensauce und gehackten Korianderblättchen servieren.

Pro Portion
30 g E * 31 g F * 30 g KH

In der Thailändischen Küche wird Hühnersuppe mit Kokosmilch, Zitronengras, Koriander, Chili und Galgant gewürzt. Wir verwenden Ingwer statt Galgant und geben dem Hühnerfrikassee damit einen exotischen Touch.

TOM-KHA-GAI-HÜHNER-FRIKASSEE

35 Min.
Pro Portion
385 kcal

1 Ingwer schälen und hacken, Zitronengras längs halbieren und in 3 cm lange Stücke schneiden. Koriander waschen, die Blättchen abzupfen und die Stiele ebenfalls in 3 cm lange Stücke schneiden. Chilischote in Ringe schneiden. Den Spargel im unteren Drittel schälen und in Stücke schneiden.

2 Ingwer, Zitronengras, Korianderstiele und Chiliringe in einen Teefilter geben, zubinden und in der Geflügelbrühe aufkochen, die Hühnerbrust hineinlegen und bei ganz kleiner Hitze 15 Minuten ziehen lassen. Den Spargel in den letzten 8 Minuten und die Erbsen in den letzten 5 Minuten mitgaren.

3 Die Brühe durch ein Sieb gießen und auffangen. Das Fleisch in mundgerechte Stücke schneiden, den Gewürzbeutel wegwerfen.

4 Butter und Mehl in einem Topf erhitzen und gut verrühren. 250 ml Brühe und Kokosmilch einrühren und 5 Minuten leicht köcheln lassen. Mit Zitronensaft abschmecken, Hähnchenfleisch, Spargel und Erbsen dazugeben und kurz in der Sauce erhitzen, mit den Korianderblättchen bestreuen und servieren.

Für 2 Portionen

40 g Ingwer

1 Stange Zitronengras

½ Bund Koriander

½ Chilischote

250 g grüner Spargel

500 ml Geflügelbrühe oder -fond

2 Hähnchenbrustfilets (à ca. 150 g)

100 g TK-Erbsen

1 EL Butter

1 EL Mehl

100 ml Kokosmilch (Konserve)

1–2 EL Zitronensaft

Pro Portion
42 g E * 16 g F * 15 g KH

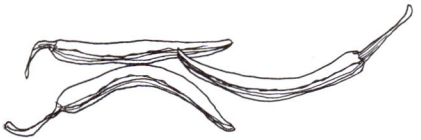

Die Regionalküche der Provinz Szechuan ist die schärfste Küche Chinas. Chili und Szechuanpfeffer werden mit Ingwer, Knoblauch, Essig und Zucker kombiniert. Hier würzen sie einen deutschen Klassiker – das Schnitzel.

SZECHUANSCHNITZEL

Für 2 Portionen

1 große Paprikaschote

1 große Zwiebel

2–3 Knoblauchzehen

30 g Ingwerwurzel

1 rote Chilischote

100 g Mungobohnensprossen

125 ml Gemüsebrühe

2 EL Sojasauce

2 EL Reis- oder Weinessig

2 TL Zucker

½–1 EL Chilisauce

½ TL Stärke

2 EL Rapsöl

2 Schweineschnitzel

Salz

½ TL grob geschroteter Szechu-anpfeffer (oder schwarzer Pfeffer)

1 EL Mehl

1 Paprikaschote waschen, trocken reiben und von Kernen und Rippen befreien, die Zwiebel schälen. Paprikaschote und Zwiebel in Streifen schneiden, Knoblauch und Ingwer schälen und in dünne Scheiben schneiden. Chilischote mit Kernen in dünne Ringe schneiden. Die Sprossen in einem Sieb mit Wasser abbrausen und abtropfen lassen.

2 Brühe, Sojasauce, Essig, Zucker, Chilisauce und Stärke verrühren und beiseitestellen.

3 1 EL Öl in einer beschichteten Pfanne erhitzen, Paprika und Zwiebeln darin 3 bis 4 Minuten scharf anbraten. Knoblauch, Ingwer und Pfefferschote zugeben und 1 bis 2 Minuten bei mittlerer Hitze weiterbraten. Die Sauce zugießen, aufkochen und bei kleiner Hitze 2 bis 3 Minuten köcheln. Die Sprossen zugeben und erhitzen.

4 Die Schnitzel trocken tupfen, mit Salz und Szechuanpfeffer würzen und in Mehl wenden. Das überschüssige Mehl abschütteln. Das restliche Öl (1 EL) in einer Pfanne erhitzen und die Schnitzel darin von jeder Seite 2 bis 3 Minuten braten. Schnitzel mit dem Gemüse servieren.

Pro Portion
38 g E * 14 g F * 22 g KH

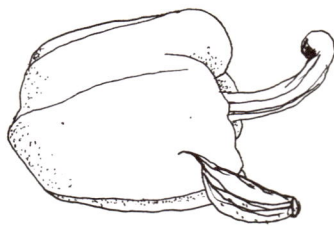

Spaghetti Bolognese hat in der deutschen Küche schon lange einen festen Platz– nun bekommt der italienische Standard Konkurrenz von einer asiatischen Variante:

SPAGHETTI MIT ASIA-BOLOGNESE

30 Min.
Pro Portion
716 kcal

1 Ingwer und Knoblauch schälen und fein hacken. Die Zwiebel schälen und fein würfeln.

2 Das Öl in einem Topf erhitzen und das Schweinemett darin rundherum knusprig braten. Zwiebeln, Knoblauch und Ingwer zugeben und einige Minuten mitbraten.

3 Tomatenmark, Sojasauce, Sherry, fein gemörserten Sternanis, Senfpulver, Zucker, Salz, Essig, Brühe und Stärke verrühren und zum Hackfleisch geben. Aufkochen und 10 Minuten offen köcheln lassen.

4 Die Nudeln nach Packungsanweisung in Salzwasser garen und abgießen. Dabei etwas Kochwasser auffangen.

5 100 ml Kochwasser zur Hackfleischsauce geben und einmal aufkochen lassen, Spaghetti mit der Sauce servieren.

VARIANTE Wer kalorienbewusst kochen möchte, verwendet Rinderhack oder das besonders magere Beefsteakhack.

Für 2 Portionen

20 g Ingwer

2 Knoblauchzehen

1 Zwiebel

1 EL Rapsöl

200 g Schweinemett

1 gehäufter EL Tomatenmark

4 EL Sojasauce

4 EL Sherry

2 Zacken Sternanis

¼ TL Senfpulver

1 TL Zucker

Salz

1 EL Weinessig

125 ml Gemüse- o. Rinderbrühe

1 TL Stärke

200 g Spaghetti

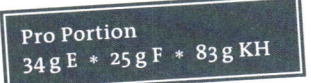
Pro Portion
34 g E * 25 g F * 83 g KH

SZECHUANSCHNITZEL

SPAGHETTI MIT
ASIA-BOLOGNESE

BLUMENKOHLSUPPE
MIT SESAMSALZ

GEMÜSESTICKS
MIT SCHARFEM ERD-
NUSS-DIP

**35 Min.
Pro Portion
297 kcal**

Aus Goma (Sesam) und Sio (Salz) machen die Japaner seit Ewigkeiten eine Tischwürze, die über fertige Speisen gestreut wird. Der geröstete Sesam duftet bei der Zubereitung nussig-würzig.

BLUMENKOHLSUPPE MIT SESAMSALZ

Für 2 Portionen

½ Blumenkohl

1 mittelgroße mehligkochende Kartoffel

1 Zwiebel

1 EL Rapsöl

500 ml Gemüsebrühe oder -fond

2 EL Sesamsamen

¼–½ TL Meersalz

4 Stiele Petersilie

100 ml Kochsahne (15 % Fett)

1 EL Zitronensaft

Pfeffer

1–2 TL Sesamöl

**Pro Portion
8 g E * 22 g F * 14 g KH**

1 Den Blumenkohl putzen und in kleine Röschen teilen. Kartoffel schälen und grob würfeln, Zwiebel schälen und fein würfeln.

2 Das Rapsöl in einem Topf erhitzen und die Zwiebelwürfel darin bei mittlerer Hitze 3 Minuten glasig dünsten.

3 Blumenkohl, Kartoffeln und Gemüsebrühe zugeben und zugedeckt 20 Minuten garen.

4 Den Sesam in einer beschichteten Pfanne ohne Fett etwa 3 bis 4 Minuten rösten, bis die Samen anfangen zu springen und der Sesam duftet. Kurz abkühlen lassen und in einem Mörser so gut es geht zerkleinern und zerreiben. Das Salz ebenfalls im Mörser fein zerkleinern, Sesam und Salz mischen.

5 Petersilie waschen, trocken schütteln und die Blättchen abzupfen und fein hacken.

6 Die Sahne zur Suppe geben und mit dem Pürierstab fein pürieren. Eventuell mit etwas Brühe verdünnen und mit Zitronensaft und Pfeffer abschmecken.

7 Die Suppe auf dem Teller mit Sesamöl beträufeln, Petersilie und Sesamsalz als Tischgewürz dazu reichen.

INFO Das Sesamsalz kann auf Vorrat zubereitet werden (Tipps dazu siehe Seite 12). Es schmeckt auch zu anderen Gemüsesorten, in Dips oder als Streuwürze auf Butter-, Quark oder Tomatenbrot.

Tamarinde, Chili, Kokos und süße Sojasauce (Ketjap Manis) würzen die Erdnusssauce zu indonesischen Saté-Spießen. Mit den gleichen Zutaten kann man aber auch einen vielseitigen, frischen Quarkdip aufpeppen.

20 Min.
Pro Portion
310 kcal

GEMÜSESTICKS MIT SCHARFEM ERDNUSSDIP

1 Petersilie waschen, trocken schütteln und die Blättchen abzupfen und fein hacken.

2 Erdnussmus mit Tamarinde, Zucker und Sojasauce glatt rühren, dann den Quark unterrühren und eventuell mit etwas Mineralwasser verdünnen. Mit Salz und Chilipulver abschmecken und zwei Drittel der Petersilie unterrühren.

3 Möhren und Gurke schälen und längs in dicke Streifen schneiden, die Paprikaschote putzen, Rippen und Kerne entfernen und ebenfalls in dicke Streifen schneiden.

4 Den Dip mit der restlichen Petersilie bestreuen und mit den Gemüse-Sticks servieren.

INFO Wer mag, gibt noch geröstete Kokosraspel in den Dip. Der Dip schmeckt auch zu gegrilltem Fleisch oder als Brotaufstrich.

Für 2 Portionen

4 Stiele Petersilie
2 EL Erdnussmus
1 TL Tamarindenpaste
2 TL Zucker
2 EL Ketjap Manis (indonesische, süße Sojasauce)
150 g Magerquark
Evtl. 2–3 EL Mineralwasser
Salz Chilipulver
250 g Möhren
¼ Gurke
1 Paprikaschote

Pro Portion
20 g E ∗ 13 g F ∗ 25 g KH

Eine köstliche Allianz zwischen Italien und Korea, die die Grundzutaten der neapolitanischen Pizza tonno mit den Gewürzen Südostasiens verbindet.

45 Min.
(+ 1 Stunde gehen)
Pro Portion
545 kcal

THUNFISCHPIZZA MIT KOREA-AROMEN

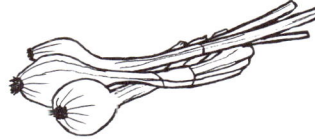

1 Mehl, Rapsöl, Hefe, 1 TL Salz und 220 ml Wasser in eine Rührschüssel geben und mit den Knethaken zu einem glatten Teig verarbeiten. Zugedeckt ca. 1 Stunde an einem warmen Ort gehen lassen, bis sich das Volumen verdoppelt hat.

2 Den Backofen auf 220 °C vorheizen.

3 Knoblauchzehe schälen, Frühlingszwiebeln putzen und in Ringe schneiden. Thunfisch abtropfen lassen.

4 Knoblauch mit Tomaten, Sesamöl und Chilipulver in ein hohes Gefäß geben und pürieren. Mit Salz abschmecken.

5 Den Hefeteig auf einem Backblech ausrollen und mit Tomatensauce bestreichen. Frühlingszwiebeln und Thunfisch darauf verteilen und auf der unteren Schiene etwa 15 Minuten knusprig backen. Das gelingt am besten bei Unterhitze kombiniert mit Umluft.

6 Den Sesam in einer beschichteten Pfanne ohne Fett etwa 3 bis 4 Minuten rösten, bis die Samen anfangen zu springen und zu duften. Kurz abkühlen lassen und in einem Mörser so gut es geht zerreiben. Das Noriblatt fein hacken und mit dem Sesam mischen.

7 Sesam-Nori-Mischung bei Tisch über die fertige Pizza streuen.

Für 4 Portionen

350 g Mehl

2 EL Rapsöl

1 Päckchen Trockenhefe

Salz

1 Knoblauchzehe

1 Bund Frühlingszwiebeln

2 Dosen Thunfisch (à 150 g Abtropfgewicht, mit MSC-Siegel)

1 Dose Pizzatomaten (400 g)

2 EL Sesamöl

¼–½ TL Chilipulver

2 EL Sesam

1 Blatt Nori-Alge

Pro Portion
30 g E * 15 g F * 69 g KH

Süßsauer assoziieren viele mit klassischer chinesischer Küche –
Schichtsalat eher nicht. Dabei geht beides sehr gut zusammen.

ANANAS-GEFLÜGEL-SCHICHTSALAT MIT SÜSSSAURER SAUCE

1 Das Hähnchenbrustfilet in Streifen schneiden. 2 EL Öl in einer
beschichteten Pfanne erhitzen und die Hähnchenbruststreifen darin in
etwa 4 Minuten rundherum goldbraun braten. 2 EL Sojasauce, 1 TL
Zucker und etwas gemahlenen Pfeffer zugeben und kurz schmoren,
bis die Sauce eingekocht ist. Das Fleisch zum Abkühlen auf einen
Teller legen und beiseitestellen.

2 Zwiebel und Ingwer schälen und fein würfeln. Das restliche Öl (1 EL)
erhitzen, Zwiebeln und Ingwer 3 Minuten glasig dünsten. Essig,
Sherry, Tomatenmark, die restliche Sojasauce (2 EL), 1 TL Salz, den
restlichen Zucker (2 EL), 150 ml Wasser und die Stärke verrühren und
zu den Zwiebeln geben. Kurz aufkochen, bis die Stärke bindet, und
beiseitestellen.

3 Ananas schälen, den Strunk heraustrennen und in mundgerechte
Stücke schneiden. Paprika waschen, putzen und in Streifen schneiden, Porree längs halbieren und unter fließendem Wasser gut
waschen, in halbe Ringe schneiden. Gurke schälen und in Scheiben
schneiden, den Mais in einem Sieb abtropfen lassen.

4 Lauch, Ananas, Paprika, Gurke, Mais und Fleisch in eine Glas-
schüssel schichten. Die Sauce sehr würzig abschmecken und über
den Salat gießen. Mindestens 20 Minuten durchziehen lassen.

INFO Schneller geht's mit einem Grillhähnchen vom Imbiss: Einfach
das Fleisch von Haut und Knochen befreien und in mundgerechte
Stücke schneiden

Für 4 Portionen

500 g Hähnchenbrustfilet

3 EL Rapsöl

4 EL Sojasauce

1 TL + 2 EL Zucker

Pfeffer

1 Zwiebel

30 g Ingwer

6 EL Essig

8 EL Sherry

2 TL Tomatenmark

Salz

2 TL Stärke

½ Ananas

2 rote Paprikaschoten

1 Stange Porree

1 Gurke

1 Dose Mais (285 g Abtropfgewicht)

Pro Portion
36 g E * 11 g F * 41 g KH

Wasabi ist um einiges schärfer als europäische Meerrettichwurzel. Frisch bekommt man die grünen Wurzeln hier kaum, die teure asiatische Zutat wird überwiegend als Paste oder Pulver verkauft.

WASABI-SCHARFE APFEL-MÖHREN-ROHKOST

Für 2 Portionen

1 Zitrone

1–2 TL Wasabipaste

2 EL Rapsöl

1 TL Zucker

Salz

1 großer Apfel

250 g Möhren

1–2 Schälchen frische Shisokresse (oder Gartenkresse)

1 Die Zitrone halbieren und auspressen. Zitronensaft, Wasabipaste und Öl verquirlen und mit Zucker und etwas Salz würzen.

2 Den Apfel schälen und rundherum auf einer groben Reibe direkt in das Dressing raspeln, bis nur noch das Kerngehäuse übrig ist. Die Möhren schälen und ebenfalls direkt in das Dressing raspeln. Den Salat gut mischen und abschmecken.

3 Die Kresse vom Beet schneiden und üppig auf den Salat streuen.

INFO Schmeckt nicht nur mit Möhren: Kombinieren Sie den Apfel auch mal mit Kohlrabi oder Sellerie.

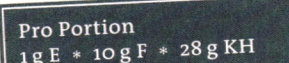

Pro Portion
1 g E * 10 g F * 28 g KH

Scharfe Chilipaste, Sojasauce, Knoblauch, Ingwer und geröstetes Sesamöl geben geschmortem Hähnchen in Korea das typische Aroma. Anstatt Dak Dori Tang werden hier gefüllte Paprikaschoten asiatisch angehaucht.

GEFÜLLTE PAPRIKA-SCHOTEN DAK DORI TANG

45 Min.
Pro Portion
542 kcal

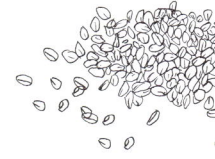

1 Zwiebeln, Knoblauch und Ingwer schälen und hacken. Mit Chiliflocken, Sojasauce, Zucker, Sesam und Sesamöl verrühren. In einem weiten Topf, in den später die gefüllten Schoten passen, erhitzen und etwa 4 Minuten glasig dünsten.

2 Die Hälfte der Gewürzmischung mit dem Hackfleisch, Semmelbröseln und dem Ei vermengen. Die Paprikaschoten samt Stiel längs halbieren, den Stiel daranlassen, nur die Rippen und Kerne entfernen. Die Hackfleischmasse in die Paprikaschoten füllen.

3 Tomaten mit der anderen Hälfte der Gewürzmischung im Topf mischen, die Paprikaschoten hineinsetzen und zugedeckt bei mittlerer Hitze etwa 30 Minuten garen.

4 Die Frühlingszwiebeln putzen und zuerst in 5 cm lange Stücke, dann in dünne Streifen schneiden. Auf die Paprikaschoten streuen und sofort servieren.

VARIANTE Die Füllung schmeckt auch in Zucchini. Oder Sie formen einfach Hackbällchen daraus.

INFO Für den großen Hunger: eine Portion Reis dazu servieren.

Für 2 Portionen

2 große Zwiebeln

2 Knoblauchzehen

40 g Ingwer

½–1 TL Chiliflocken

4 EL Sojasauce

1 TL Zucker

2 TL Sesam

2 EL dunkles Sesamöl (geröstet)

300 g Putenhackfleisch

4 EL Semmelbrösel

1 Ei

2 Paprikaschoten

1 Dose Pizzatomaten

2 Frühlingszwiebeln

Pro Portion
50 g E * 20 g F * 37 g KH

WASABI-SCHARFE
APFEL-MÖHREN-
ROHKOST

GEFÜLLTE PAPRIKA-
SCHOTEN DAK DORI
TANG

SÜSSKARTOFFEL-
SUPPE
MIT STERNANIS

WRAPS
SUSHI-STYLE

Sternanis ist ein typisches Gewürz der chinesischen Küche. In Mitteleuropa wird er eher wegen seines dekorativen Aussehens geschätzt. Zusammen mit einem fruchtigen Akzent – hier aus Orangensaft – ist er besonders köstlich.

SÜSSKARTOFFELSUPPE MIT STERNANIS

Für 2 Portionen

1 Süßkartoffel (ca. 450 g)

1 Zwiebel

2 Knoblauchzehen

30 g Ingwer

400 ml Gemüsebrühe

½–1 TL gemahlener Sternanis

1 Orange

100 g saure Sahne

evtl. Salz, Pfeffer

1 Frühlingszwiebel

1 Süßkartoffel, Zwiebel, Knoblauch und Ingwer schälen und würfeln.

2 Alle vorbereiteten Zutaten mit der Brühe und ½ TL fein gemörsertem Sternanis in einem Topf aufkochen und etwa 15 Minuten zugedeckt kochen, bis das Gemüse weich ist.

3 Die Orange halbieren und auspressen. Die Hälfte der sauren Sahne und den Orangensaft zur Suppe geben und mit dem Pürierstab mixen. Eventuell mit Salz, Pfeffer und weiterem Sternanis abschmecken.

4 Die Frühlingszwiebel zuerst in 4 cm lange Stücke und dann in feine Streifen schneiden.

5 Je einen Klecks saure Sahne und einige Frühlingszwiebelstreifen auf die Suppe geben.

VARIANTE Schmeckt auch mit Möhren, Steckrübe oder Kürbis. Wer pikante Suppen schätzt, würzt statt mit Pfeffer mit Piment d'espelette.

INFO Kochen Sie die doppelte Menge Suppe – sie ist perfekt zum Einfrieren geeignet.

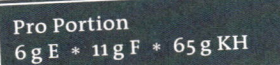

Pro Portion
6 g E * 11 g F * 65 g KH

Gari, Nori, Wasabi und Sojasauce – da denkt jeder gleich an Sushi.
Viel schneller gerollt sind

WRAPS SUSHI-STYLE

20 Min.
(– 10 Min. durchziehen)
Pro Portion
384 kcal

1 Rucola waschen und trocken schleudern.

2 Die Wraps im Backofen bei 100 °C einige Minuten erwärmen oder in der Mikrowelle 30 Sekunden erhitzen, so lassen sie sich gut rollen.

3 Die Wraps mit dem Frischkäse bestreichen und je ein Blatt Nori und den Lachs darauflegen.

4 Quer eine dünne Linie Wasabi daraufstreichen und einen Streifen Gari-Ingwer daneben auslegen.

5 Die Wraps von unten her fest aufrollen und 10 Minuten im Kühlschrank durchziehen lassen. Dann Holzstäbchen im Abstand von etwa 4 cm in die Rollen stecken und dazwischen durchschneiden.

6 Die Wrap-Häppchen mit Sojasauce zum Dippen servieren.

Für 2 Portionen

1 kleines Bund Rucola (70 g)

2 Tortilla-Wraps (à 70 g)

70 g Frischkäse (13 % Fett)

2 Blätter Nori-Algen

125 g Räucherlachs in Scheiben

1 TL Wasabicreme

1 EL Gari-Ingwer (süßsauer eingelegter Ingwer)

Etwa 4 EL Sojasauce

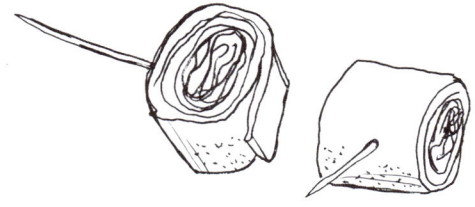

Pro Portion
23 g E * 15 g F * 37 g KH

Frische Kräuter, Zitronengras und Nüsse würzen in der asiatischen Küche
oft herzhafte Gerichte. Vielleicht ein bisschen gewagt, dieselben Gewürze
für eine Süßspeise zu verwenden, aber das Ergebnis überzeugt.

OBSTSALAT MIT SÜSSEM ASIA-PESTO

20 Min.
Pro Portion
208 kcal

1 Die Kräuter waschen, trocken schütteln und die Blättchen von
den Stielen schneiden. Die harte äußere Schicht vom Zitronengras
entfernen, das Innere sehr fein hacken.

2 Kräuter, Zitronengras, Nüsse, Honig und Zitronensaft im Blitzhacker
zu einer feinen Paste mixen. Wenn das Pesto zu fest geraten ist,
etwas Apfel- oder Orangensaft unterrühren.

3 Das Obst putzen, eventuell schälen und zerkleinern und auf zwei
Tellern anrichten. Das Pesto darüberträufeln.

VARIANTE Mit hauchdünn geschnittenem Obst einer Sorte – einer Art
Carpaccio – eine echte Augenweide. Orangen, Mangos, Melone oder
Ananas eignen sich.

INFO Wer sich mit der süßsalzigen Gewürzkombination nicht
anfreunden mag, verwendet ungesalzene Nüsse.

Für 2–3 Portionen

Je 4 Stiele Minze und Basilikum

2 Stangen Zitronengras

30 g Cashewnüsse oder Erd-
nüsse (geröstet und gesalzen)

2 EL Honig

2 EL Zitronensaft

evtl. 1–2 EL Apfel- oder
Orangensaft

600 g Obst nach Wahl
(z. B. Apfel, Kiwi, Banane, rote
Weintrauben)

Pro Portion
3 g E * 5 g F * 34 g KH

Matcha ist ganz fein gemahlener grüner Tee von hoher Qualität.
Er schmeckt leicht herb und ist daher eine perfekte Würze für süße
Plätzchen.

30 Min.
(+ kühlen)
Pro Stück
66 kcal

MATCHA-HEIDESAND

1 Die Butter in einem kleinen Topf erhitzen und leicht bräunen lassen.
Bei Zimmertemperatur abkühlen lassen, bis sie wieder fest wird, aber
noch geschmeidig ist.

2 Die Butter mit dem Handmixer cremig aufschlagen, Puderzucker,
Teepulver und die abgeriebene Orangenschale unterschlagen.

3 Mehl und Backpulver unterkneten und 2 etwa 15 cm lange Rollen
formen. Den Teig in Frischhaltefolie gewickelt etwa 60 Minuten kalt
stellen.

4 Den Backofen auf 180 °C vorheizen.

5 Die Teigrollen im Zucker wälzen und in ungefähr 35 gleich dicke
Scheiben schneiden.

6 Die Plätzchen nebeneinander auf ein mit Backpapier belegtes Blech
legen und auf der mittlere Einschubleiste 12 bis 15 Minuten backen.

Für 35 Stück

150 g Butter	
100 g Puderzucker	
2 gehäufte TL Matcha-Tee-pulver (10 g)	
1 Bio-Orange	
200 g Mehl	
1 Msp. Backpulver	
2 EL Zucker	

Pro Stück
1 g E * 3 g F * 7 g KH

Die dekorativen ROSA BEEREN im Ganzen oder grob zerkleinert über das fertige Gericht streuen. So entfaltet sich ihr Geschmack beim Zubeißen.

KAKAO duftet intensiv nach Schokolade. Ohne deren Süße würzt er aber nicht nur Gebäck und Süßspeisen, sondern auch dunkle Saucen und Wild.

Ausgekratzte VANILLESCHOTEN nicht wegwerfen. Sie aromatisieren Zucker und würzen heiße Milch für die Zubereitung von Kakao oder Pudding.

Frisch gemahlen duftet PIMENT angenehm nach Nelke, Muskat, Zimt und Pfeffer. Köstlich zu Gulasch, Rotkohl und Schoko-Desserts.

Der Geschmack von TONKABOHNEN erinnert an Marzipan und Vanille. Am besten zerkleinert man die harten Samen auf einer Muskatreibe.

144

JOGHURT TRIFFT TONKABOHNE

Würzideen aus Südamerika

****

Die kreativen Köche zwischen Mexiko und Feuerland würzen mit allem, was in der Gegend heimisch ist: mit Kakaobohnen, rosa Pfefferbeeren, Piment, rötlich-gelben Annattosamen, dattelförmigen Tonkabohnen und duftenden Vanille-schoten. Diese tropischen Gewürze verschaffen so bescheidenen Gerichten wie Nudelauflauf, Risotto, Krautsalat und Gulaschsuppe hierzulande den ganz großen Auftritt.

Mit etwas Fingerspitzengefühl gelingt es problemlos die temperamentvollen bunten Aromen aus Mittel- und Südamerika in die heimische Küche zu bringen. Probieren Sie aus, wie gut argentinische Grillgewürze in einer schnellen Schinken-quiche duften, testen Sie, wie eine mexikanische Sauce mit Schokolade und Erdnussbutter zum Kick für ein Putenschaschlik gerät, und bewundern Sie, wie viel karibisches Temperament sogar ein simpler Matjessalat durch Koriander und Chili bekommt.

Die Inspiration zu dieser würzigen Sauce stammt von der typisch mexikanischen Sauce „Mole Poblano", die Chili, Zwiebeln, Knoblauch und duftende Gewürze mit dem süß-herben Geschmack dunkler Schokolade kombiniert.

PUTENSCHASCHLIK MIT MOLE POBLANO

40 Min.
Pro Portion
430 kcal

1 Zwiebeln und Knoblauchzehen schälen. 2 Zwiebeln vierteln, die anderen beiden Zwiebeln und die Knoblauchzehen würfeln. Chili waschen, trocken reiben und ohne Rippen und Kerne grob hacken.

2 1 EL Öl in einem Topf erhitzen, Zwiebelwürfel, Knoblauch und Chili darin 2 Minuten glasig dünsten. Tomaten, Rosinen, Zucker und Gewürze zugeben und bei mittlerer Hitze 20 Minuten offen einkochen. Mit einem Pürierstab fein pürieren, Schokolade und Erdnussbutter darin schmelzen lassen und mit Salz, Pfeffer und Zucker abschmecken.

3 Putenfleisch würfeln, Baconscheiben vierteln, das Kerngehäuse aus dem Apfel schneiden und das Fruchtfleisch in Spalten schneiden.

4 Fleisch, Bacon, Zwiebelviertel und Apfel abwechselnd auf sechs Holzspieße stecken.

5 Das Schaschlik im restlichen Öl (1 EL) rundherum etwa 15 Minuten braten und mit der Sauce servieren.

INFO Dazu passt Reis mit vielen frischen Kräutern.

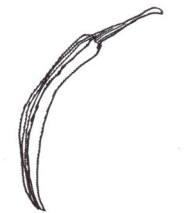

Pro Portion (bei 3)
32 g E * 19 g F * 30 g KH

****

Für 2–3 Portionen

4 rote Zwiebeln

2 Knoblauchzehen

1–2 rote Chilischoten

2 EL Öl

1 Dose Pizzatomaten (400 g)

1 EL Rosinen

1 EL Zucker

Je ¼ TL gemahlener Anis, Zimt, Nelken

25 g dunkle Schokolade (mindestens 60 % Kakaoanteil)

1 EL cremige Erdnussbutter

Salz, Pfeffer

2 Putenschnitzel (à ca. 150 g)

4 Scheiben durchwachsener Speck (Bacon)

1 Apfel

****

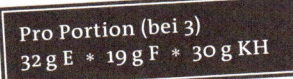

SPICY AVOCADO-NUDEL-AUFLAUF

1 Nudeln nach Packungsanweisung in Salzwasser garen. Abgießen und gut abtropfen lassen.

2 Den Backofen auf 200 °C vorheizen.

3 Den Spinat ausdrücken und grob schneiden. Avocado halbieren, Schale und Kern entfernen und das Fruchtfleisch in Spalten schneiden. Die Zitrone längs in Spalten schneiden. Nudeln, Avocado und Spinat in eine gefettete Auflaufform schichten, dabei die Avocado mit der Hälfte des Zitronensaftes beträufeln.

4 Knoblauchzehe schälen und mit Eiern, Milch, Piment, Chili, Zucker und Salz in einem hohen Gefäß kurz mit dem Pürierstab zerkleinern.

5 Die Eiermilch über die Nudeln und das Gemüse gießen und im Ofen auf der mittleren Schiene 30 Minuten backen. Nach 20 Minuten den Käse darüberstreuen.

6 Die restlichen Zitronenspalten zum Auflauf servieren.

****

Für 2–3 Portionen

250 g kurze Nudeln (z. B. Penne)

Salz

500 g TK-Spinat (aufgetaut)

1 feste Avocado

1 Zitrone

1 TL Öl für die Form

1 Knoblauchzehe

3 Eier

200 ml fettarme Milch

½–1 TL gemahlener Piment

¼ TL Chilipulver

½ TL brauner Zucker

4 EL geriebener Käse (z. B. Gouda)

****

Pro Portion (bei 3)
29 g E * 23 g F * 67 g KH

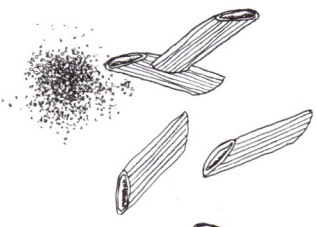

30 Min.
(+ 30 Min. ziehen)
Pro Portion
360 kcal

Die jamaikanische Jerk-Gewürzmischung wird normalerweise zum Würzen und Marinieren von Fleisch verwendet. Hier bekommen bayrische Semmelknödel damit karibisches Temperament – da vermisst niemand das Fleisch!

GEBRATENE JERK-SEMMELKNÖDEL

****

Für 2 Portionen

125 g Brötchen vom Vortag
(etwa 2–3 Stück)

1 Bio-Orange

2 Knoblauchzehen

10 g Ingwer

125 ml fettarme Milch
(1,5 % Fett)

1 Ei

¼ TL Chiliflocken (ersatzweise
Cayennepfeffer)

1 TL Piment (gemahlen oder
geschrotet)

¼ TL Zimt

Salz

1 gehäufter EL Mehl

1 TL Butter

1 EL Rapsöl

****

1 Die Brötchen in Würfel schneiden. Die Orange heiß waschen, abtrocknen und 2 TL Schale abreiben. Knoblauch und Ingwer schälen und beides fein würfeln.

2 Milch mit Ei, Knoblauch, Ingwer, Chili, Piment, Zimt, Salz und der Orangenschale verrühren und über die Brötchenwürfel gießen. Etwa 30 Minuten durchziehen lassen.

3 Das Mehl zugeben und die Masse mit den Knethaken verrühren. Mit feuchten Händen zu 4 bis 6 flachen Frikadellen formen.

4 Butter und Öl in einer Pfanne erhitzen und die Knödel darin von jeder Seite 3 bis 4 Minuten bei mittlerer Hitze braten.

VARIANTE Geben Sie auch mal ein paar Speckwürfelchen oder Thymianblättchen in die Knödelmasse. Zu den Knödeln passt gedünsteter Spinat oder Tomatensalat.

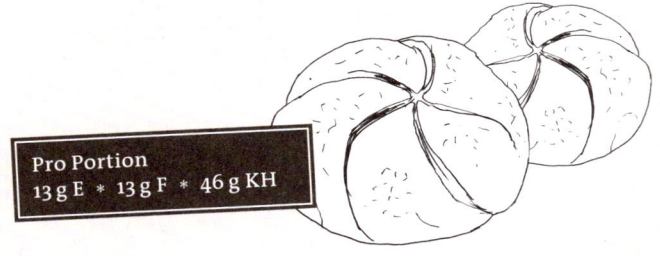

Pro Portion
13 g E * 13 g F * 46 g KH

Risotto gehört nicht gerade in die typisch karibische Küche – man könnte allerdings auf diesen Gedanken kommen, so gut, wie die Gewürze der Region zum Italo-Klassiker passen.

KARIBISCHES ERBSENRISOTTO

35 Min.
Pro Portion
323 kcal

1 Zwiebel und Knoblauchzehen schälen und fein würfeln. Thymian waschen, trocken schütteln und die Blättchen abstreifen. Die Zitrone waschen, trocken reiben und 2 TL Zitronenschale abreiben.

2 Das Öl in einem Topf erhitzen, Zwiebel, Knoblauch und Reis darin etwa 3 Minuten bei milder Hitze glasig dünsten. Nelke und Zimt zugeben und unterrühren.

3 Nach und nach die Brühe zugießen und den Reis im offenen Topf bei milder Hitze garen, dabei häufig umrühren. Nach etwa 20 Minuten ist der Reis bissfest. 5 Minuten vor Ende der Garzeit die Erbsen unterheben und mitgaren. Dafür die Hitze kurz hochschalten, damit der Kochvorgang nicht unterbrochen wird.

4 Thymian, Zitronenschale und Frischkäse unter den Reis mischen und mit Salz und Pfeffer abschmecken. Am Tisch mit Paprikapulver bestreuen.

INFO Das Risotto passt beispielsweise zu Lachs- oder Putensteaks.

****

Für 2 Portionen

1 Zwiebel

2 Knoblauchzehen

4 Stiele Thymian

1 Bio-Zitrone

1 EL Rapsöl

100 g Risottoreis

Je ¼ TL gemahlene Nelken und Zimt

400 ml heiße Gemüsebrühe

100 g TK-Erbsen

2 EL Frischkäse (13 % Fett)

Salz, Pfeffer

Etwa 2 TL Paprikapulver

****

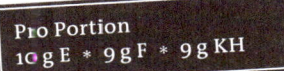

Pro Portion
10 g E * 9 g F * 9 g KH

GEBRATENE JERK-SEMMELKNÖDEL

KARIBISCHES ERBSENRISOTTO

152

ROTER HERINGSSALAT
NACH SALSA-ART

KAFFEE-
WÜRZBUTTER

Der Klassiker unter den Fischsalaten erhält seine rote Farbe durch die Rote Bete – hier wird er dank Chili angenehm feurig.

ROTER HERINGSSALAT NACH SALSA-ART

****

Für 2 Portionen

1 Rote Bete (vorgegart)

1 EL Olivenöl

1 kleine rote Zwiebel

½ Avocado

1 Fleischtomate (150 g)

2 Matjesfilets

½ Bund Koriander

½–1 rote Chilischote

Salz

2–3 EL Zitronensaft

****

1 Rote Bete würfeln, mit dem Öl in einer Schüssel verrühren.

2 Zwiebel schälen und sehr fein würfeln. Avocado aus der Schale lösen, Tomate waschen und trocken reiben, Heringsfilets trocken tupfen. Alles in kleine Würfel schneiden.

3 Koriander waschen, trocken schütteln und die Blättchen fein schneiden. Chili waschen, Rippen und Kerne entfernen und würfeln.

4 Alle Zutaten mischen und mit Salz und Zitronensaft abschmecken. Der Heringssalat schmeckt zu Schwarzbrot oder Ofenkartoffeln.

INFO Das Öl ummantelt die Rote Bete, sodass nicht alle Zutaten zartrosa eingefärbt werden.

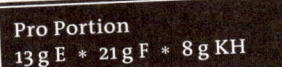

Pro Portion
13 g E * 21 g F * 8 g KH

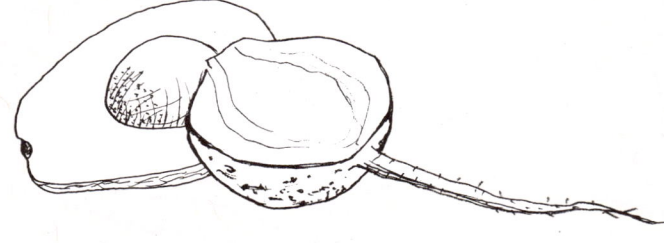

Dass man Kaffee nicht nur trinken, sondern ihn auch statt Kräutern in leckere Würzbutter mischen kann, beweist unsere

KAFFEE-WÜRZBUTTER

10 Min.
(+ 1 Stunde kühlen)
Pro Portion
125 kcal

1 Nacheinander den Kaffee und den Pfeffer in einem Mörser grob zerstoßen, die Vanilleschote längs halbieren und das Mark auskratzen.

2 Butter mit den Gewürzen und Salz verrühren und in einem Stück Klarsicht- oder Alufolie zu einer kleinen Rolle formen und im Kühlschrank mindestens 1 Stunde abkühlen lassen. Auswickeln und in Scheiben schneiden.

INFO Passt zu gegrilltem Fleisch und Geflügel, aber auch als Bratbutter für panierte Schnitzel oder auf knusprigem Baguette.

****

Für 4–6 Portionen

5 g Kaffeebohnen
(etwa 20–30 Stück)

10–15 Pfefferkörner

½ Vanilleschote

½ TL grobes Meersalz

100 g zimmerwarme, weiche Butter

****

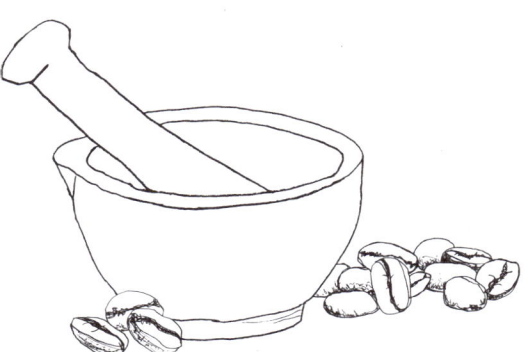

Pro Portion (bei 6)
0 g E * 13 g F * 0 g KH

Beim Asado, Argentiniens Grill-Ereignis, werden riesige Mengen Fleisch über offenem Feuer gegart. Die typischen Asado-Gewürze, wie Oregano, Majoran, Kreuzkümmel, Chili, Paprika und Koriander, passen herrlich in die

SCHNELLE SCHINKEN-QUICHE ASADO

20 Min.
(+ 30–40 Min. backen)
Pro Portion
382 kcal

1 Den Backofen auf 200 °C vorheizen. Den Blätterteig ausrollen und mit dem Backpapier in eine Springform (26 cm Durchmesser) legen.

2 Die Zwiebeln schälen, würfeln und in einer beschichteten Pfanne in dem Öl goldgelb dünsten. Petersilie und Koriander waschen, trocken schütteln und die Blättchen fein schneiden.

3 Eier, saure Sahne, Frischkäse, Käse, Speck und die Zwiebeln verrühren, mit Kümmel, Kreuzkümmel, Chili, Paprika, Oregano und Majoran abschmecken. Die Kräuter unterheben und die Mischung auf dem Blätterteig verteilen.

4 Auf der mittleren Schiene 30 bis 40 Minuten backen.

INFO Dazu passen ein großer Salat oder ein Rohkostteller

****
Für 4 – 6 Portionen

1 Packung Blätterteig
(275 g, Kühlregal)

2 große Zwiebeln

2 EL Rapsöl

Je ½ Bund Petersilie und Koriander

4 Eier

200 g saure Sahne

100 g Frischkäse (13 % Fett)

100 g geriebener Greyerzer Käse

150 g magerer Schinkenspeck

Je ¼ – ½ TL Kümmel, Kreuzkümmel, Chili und Paprika

Je ½ TL getrockneten Oregano und Majoran
****

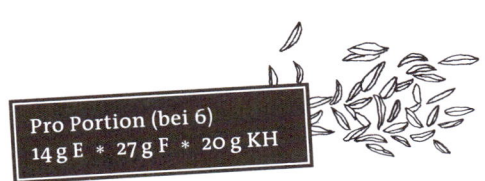

Pro Portion (bei 6)
14 g E * 27 g F * 20 g KH

Enzianwurzel, Bitterorange, Nelken, Kardamom und Zimt sind die Hauptzutaten für Angostura, den Bitterlikör, aus der gleichnamigen venezolanischen Stadt. Sparsam dosiert, gibt er Vinaigretten eine bitter-aromatische Note.

20 Min.
Pro Portion
252 kcal

SALAT MIT HIMBEEREN UND ANGOSTURA-VINAIGRETTE

1 Den Salat waschen, trocken schleudern und in mundgerechte Stücke zupfen. Die Himbeeren nur wenn nötig waschen und auf Küchenpapier abtropfen lassen.

2 Limettensaft mit Angostura und Honig verrühren, mit wenig Salz und Pfeffer würzen und das Öl unterschlagen. Das Dressing vorsichtig unter Salat und Himbeeren heben. Den Salat auf zwei Teller verteilen.

3 Mit zwei Teelöffeln kleine Nocken vom Frischkäse abstechen und auf den Salat geben.

VARIANTE Probieren Sie den Salat doch je nach Jahreszeit auch mal mit Rucola und Erdbeeren oder Feldsalat und Orangenfilets.

****

Für 2 Portionen

½ Kopfsalat

100 g Himbeeren

3 EL Limettensaft

1 – 2 TL Angostura

4 TL flüssiger Honig

Salz, Pfeffer

2 EL Rapsöl

100 g Ziegenfrischkäse

****

Pro Portion
5 g E * 17 g F * 18 g KH

Annatto, der Samen des Orleansstrauches, der im tropischen Südamerika wächst, schmeckt erdig, pfeffrig und ein wenig süß. Der Clou allerdings ist der sattrote Farbstoff der dreieckigen Samenkörner.

PERUANISCHE GULASCHSUPPE

****

Für 4 Portionen

800 g Schweinenacken ohne Knochen

Je 1 TL Annatto und Kreuzkümmel

Pfeffer

5 EL Weißweinessig

3 Zwiebeln

2 Knoblauchzehen

2 Paprikaschoten
(z. B. rot und grün)

2 EL Rapsöl

1 EL Mehl

Salz, Pfeffer

1 EL Tomatenmark

1250 ml Fleischbrühe

1 Bio-Orange

Zucker

½ Bund Koriander oder Petersilie

****

1 Das Schweinefleisch in etwa 2 cm x 2 cm große Würfel schneiden. Annatto und Kreuzkümmel im Mörser zerstoßen und mit ¼ TL Pfeffer und dem Essig mischen. Das Fleisch darin mindestens 2 Stunden, am besten über Nacht marinieren.

2 Das Fleisch abtropfen lassen, die Marinade aufbewahren. Zwiebeln und Knoblauch schälen und fein würfeln. Paprikaschoten waschen, trocken reiben und in 2 cm große Würfel schneiden.

3 Das Öl in einem großen Topf erhitzen, das Fleisch 5 Minuten rundherum anbraten und mit etwas Salz würzen. Mit Mehl bestäuben, Zwiebeln, Knoblauch, Tomatenmark, Brühe und Marinade zugeben und etwa 45 Minuten zugedeckt köcheln lassen. Nach 35 Minuten die Paprikawürfel zugeben.

4 Die Orange waschen, trocken reiben und die Schale abreiben. Dann den Saft auspressen. Orangenschale und -saft zur Suppe geben und mit Salz, Pfeffer und Zucker abschmecken.

5 Koriander oder Petersilie waschen, trocken schütteln und die Blättchen grob gehackt über die Gulaschsuppe streuen.

Pro Portion
39 g E * 33 g F * 12 g KH

Chimichurri gehört unbedingt zu einem südamerikanischen Barbecue, als Dip zum Fleisch und als Marinade. Würzanleihen machen aus einem deutschen Krautsalat ein argentinisches Essvergnügen.

CHIMICHURRI-KRAUTSALAT

30 Min.
(+ 15 Min. ziehen)
pro Portion
138 kcal

1 Die welken Blätter vom Kohl entfernen und den Kohl in dünne Streifen schneiden oder hobeln, den Strunk wegwerfen. Die Kohlstreifen in einer Schüssel mit etwas Salz würzen und mit den Händen einige Minuten kneten, bis sie etwas glasig werden.

2 Petersilie waschen, trocken schütteln und die Blättchen fein hacken. Zwiebel und Knoblauch schälen und fein würfeln. Petersilie mit Knoblauch und Zwiebel in eine Schüssel geben, Limettensaft, Olivenöl, Thymian, Oregano und Chiliflocken zugeben und unterrühren.

3 Petersiliensauce unter den Krautsalat heben und mindestens 15 Minuten durchziehen lassen. Eventuell noch einmal mit den Gewürzen abschmecken.

VARIANTE Für optische und geschmackliche Abwechslung können Sie 1 bis 2 Möhren raspeln und unter den Krautsalat mischen.

****
Für 4 Portionen

1 kleiner Spitzkohl (800 g)

Salz

1 Bund Petersilie

1 kleine Zwiebel

1 Knoblauchzehe

1 Limette

4 EL Olivenöl

Je ½ TL getrockneter Thymian und Oregano

¼ – ½ TL Chiliflocken
****

Pro Portion
4 g E * 10 g F * 6 g KH

PERUANISCHE GULASCHSUPPE

CHIMICHURRI-KRAUTSALAT

LACHSCARPACCIO
MIT AVOCADO

MIXED PICKLES MIT
PIMENT

163

Rosa Pfefferbeeren sind Früchte des brasilianischen Pfefferbaums – botanisch besteht keine Verwandtschaft mit echten Pfefferkörnern. Zusammen mit feinem Fleur de Sel und Koriander würzen sie

LACHSCARPACCIO MIT AVOCADO

****
Für 4 Portionen

1 Bio-Orange

1 EL milder Essig

½ TL Zucker

Salz, Pfeffer

2 EL Olivenöl

250 g Lachsfilet (Sushi-Qualität)

1 reife, aber noch feste Avocado

½ Bund Koriander

2 – 3 TL rosa Pfefferbeeren

1 – 2 TL Fleur de Sel
oder Meersalz
****

1 Die Orange heiß abwaschen und abtrocknen. 1 TL Schale abreiben und 6 EL Orangensaft auspressen. Orangensaft und -schale mit Essig, Zucker, wenig Salz und Pfeffer würzen und das Öl unterschlagen.

2 Das Lachsfilet in möglichst dünne Scheiben schneiden. Die Avocado halbieren, Kern und Schale entfernen und das Fruchtfleisch in dünne Spalten schneiden. Avocado und Lachs auf vier Tellern anrichten. Die Vinaigrette darüberträufeln und die Teller mit Folie abgedeckt bis zum Servieren kalt stellen.

3 Koriander waschen, trocken schütteln und die Blättchen fein hacken. Die Pfefferbeeren zwischen den Fingerspitzen zerkleinern und mit Koriander und Fleur de Sel mischen.

4 Das Lachscarpaccio mit etwas Würzmischung bestreuen, den Rest als Tischwürze dazu reichen.

INFO Schön dünne Lachsscheiben kann man schneiden, wenn man das Lachsfilet vorher für etwa 10 Minuten in den Gefrierschrank legt. Wer keinen rohen Fisch essen möchte, verwendet Räucherlachs.

Pro Portion
13 g E * 17 g F * 4 g KH

Dem klassischen eingelegten Gemüse verleiht Piment einen ganz neuen geschmacklichen Dreh.

25 Minuten
(+ 2 Tage marinieren)
Pro Portion
28 kcal

MIXED PICKLES MIT PIMENT

1 Möhren schälen und in Scheiben schneiden, den Blumenkohl in kleine Röschen teilen. Das Gemüse in kochendem Salzwasser 5 Minuten garen. Dann abgießen und dabei 500 ml Kochwasser auffangen.

2 Während das Gemüse kocht die Chilischote abwaschen und längs halbieren. Kerne und Rippen entfernen. Die Vanilleschote ebenfalls längs halbieren.

3 Essig, Salz, Piment, Chili- und Vanilleschote mit dem abgemessenen Gemüsewasser, Möhren und Blumenkohl aufkochen und zugedeckt 5 Minuten bei milder Hitze köcheln.

4 2 Schraubgläser (800 ml Inhalt) und die dazu passenden Deckel mit kochendem Wasser füllen und einige Minuten stehen lassen. Abgießen und umgekehrt auf Küchenpapier abtropfen lassen.

5 Gemüse und Sud kochend heiß einfüllen, in jedem Glas sollte die Hälfte der Pimentkörner und je eine halbe Chili- und Vanilleschote sein. Sofort zudrehen und die Gläser 5 Minuten auf dem Deckel stehen lassen. Dann wieder umdrehen und abkühlen lassen. Mindestens 2 Tage durchziehen lassen.

INFO Geschlossen bleibt das Gemüse 3 Monate frisch, geöffnete Gläser sollten Sie im Kühlschrank aufbewahren und innerhalb einer Woche verbrauchen.

PASST ZU Fondue, zum Grillen oder einfach zum Abendbrot.

****
Für 8 Portionen

500 g Möhren

1 kleiner Blumenkohl

1 kleine Chilischote

¼ Vanilleschote

300 ml milder Essig

½ TL Salz

20 Pimentkörner
****

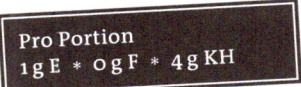

Pro Portion
1 g E * 0 g F * 4 g KH

Azteken und Maya genossen ihren Kakao gewürzt mit Piment, Vanille und Honig. Übersetzt in ein Plätzchenrezept, kommen Gewürzkekse mit Kakaosplittern dabei heraus.

KAKAOSPLITTER-CANTUCCINI

45 Min.
(+ 1–2 Stunden kühlen)
Pro Stück
58 kcal

1 Die Mandeln grob hacken, Vanilleschote längs aufschneiden und das Mark auskratzen, den Piment im Mörser fein zerkleinern.

2 Mehl, Zucker, Backpulver, Vanillemark, Kakaopulver, Kakaosplitter und Piment in eine Schüssel geben. Eier und Butter oder Margarine zugeben und mit den Knethaken zu einem glatten Teig verarbeiten. Die Mandeln unter den Teig kneten.

3 Aus dem Teig auf einer bemehlten Arbeitsplatte 4 Rollen von etwa 25 cm Länge formen, einzeln in Klarsichtfolie wickeln und 1 bis 2 Stunden kalt stellen.

4 Die Rollen auswickeln und auf ein mit Backpapier belegtes Blech legen. Im vorgeheizten Backofen bei 200 °C auf der mittleren Schiene 15 bis 17 Minuten backen.

5 Teigrollen etwas abkühlen lassen, dann schräg in 1,5 bis 2 cm dicke Scheiben schneiden und nebeneinander auf das Backpapier legen.

6 Die Kekse weitere 6 bis 8 Minuten backen.

VARIANTE Auch mit einem Hauch Chili lecker.

****
Für ca. 45 Stück

100 g Mandeln mit Haut

1 Vanilleschote

½ – 1 TL Piment

250 g Mehl

175 g brauner Zucker

1 TL Backpulver

1 TL Kakaopulver

2 EL Kakaosplitter (30 g)

2 Eier

25 g Butter oder Margarine
****

Pro Stück
1 g E * 2 g F * 8 g KH

Die würzig duftenden Tonka-„Bohnen" sind die getrockneten Samen eines südamerikanischen Baumes. Am besten zerkleinert man sie auf einer feinen Reibe – und würzt dann mit ihnen den

TONKA-JOGHURT MIT SESAMKROKANT

20 Min.
(+ 4 Stunden kühlen)
Pro Portion
236 kcal

1 Die Gelatine in kaltem Wasser einweichen.

2 Joghurt mit dem braunen Zucker cremig schlagen, bis der Zucker gelöst ist. Mit der fein geriebenen Tonkabohne würzen.

3 Gelatine in einem kleinen Topf bei mäßiger Hitze auflösen. Zuerst etwas von der Joghurtcreme in die Gelatinemasse rühren, dann die Gelatine zügig unter den Joghurt rühren. In vier kleine Schälchen füllen und 4 Stunden (oder über Nacht) kalt stellen.

4 Zucker in einem Topf schmelzen lassen. Sesam zugeben und gold-braun karamellisieren. Das Karamell auf ein mit Backpapier belegtes Brett gießen. Noch warm mit dem Salz bestreuen. Abkühlen lassen.

5 Den Joghurt-Pudding auf kleine Teller stürzen. Vom Sesamkrokant 4 Stücke abbrechen, den Rest grob hacken. Je ein Stück Krokant in den Pudding stechen, mit dem gehackten Sesam bestreuen.

VARIANTE Der Joghurt-Pudding schmeckt pur, mit Obstsalat oder Fruchtpüree, z. B. aus Mango oder Himbeeren.

INFO Joghurt und Krokant kann man 1 bis 2 Tage vor dem Essen vorbereiten. Auch in größeren Mengen macht dieses Dessert kaum mehr Arbeit.

* *
Für 4 Portionen

4 Blatt weiße Gelatine

500 g Naturjoghurt (10 % Fett)

1 – 2 EL brauner Zucker

½ geriebene Tonkabohne

2 EL Zucker

1 EL Sesam

2 Msp. grobes Salz (Fleur de Sel)
= *

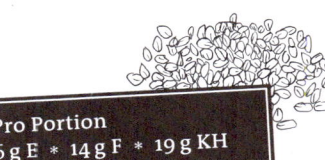

Pro Portion
6 g E * 14 g F * 19 g KH

Gewürzregister

A, B

Ajvar
Nudel-Hähnchen-Pfanne mit Ajvar 43
Anis
Putenschaschlik mit Mole Poblano 147
Annatto Samen
Peruanische Gulaschsuppe 160
Basilikum
Obstsalat mit süßem Asia-Pesto 141
Bockshornklee
Blattsalat mit Panch-Phoron-Croûtons 99
Tandoori-Hähnchen-Nuggets 107
Bohnenkraut
Balkanpizza 55
Frühlingsgemüse mit Provence-Béchamel 17

C

Chili
Blitz-Zwiebelkuchen nach Mojo-Art 35
Bratwurst mit Zucchini-Chutney 103
Chimichurri-Krautsalat 161
Gebratene Jerk-Semmelknödel 150
Gefüllte Paprikaschoten Dak Dori Tang 135
Gemüse-Fleisch-Pfanne mit Yin-Yang-Sauce 133
Kartoffelsalat Sri Lanka 97
Kartoffel-Brokkoli-Stampf alla puttanesca 21
Kokos-Chili-Fischstäbchen 108
Liebstöckel-Kasseler-Eintopf 46
Mixed Pickles mit Piment 165
Putenschaschlik mit Mole Poblano 147
Roter Heringssalat nach Salsa-Art 154
Schnelle Schinkenquiche Asado 157
Spicy Avocado-Nudel-Auflauf 149

Szechuanschnitzel 124
Thunfischpizza mit Korea-Aromen 131
Tikka-Tomatensalat 98
Tom-Kha-Gai-Hühnerfrikassee 123
Zhug-Sandwich 71
Curry
Curry-Gemüse-Omelett 109
Garnelen-Pfanne pakistanisch 105

D, E, F

Dill
Apfel-Speck-Schmarren kroatisch 61
Lachsburger mit rumänischer Knoblauchsauce 60
Tzatziki-Nudelsalat 51
Wurstsalat mit Meerrettich und Dill 47
Estragon
Apfelgelee mit Calvados 37
Fenchelsamen
Blattsalat mit Panch-Phoron-Croûtons 99
Gemüse-Fleisch-Pfanne mit Yin-Yang-Sauce 121
Linseneintopf mit Fenchel-Polpette 30

G, I

Garam Masala
Tikka-Tomatensalat 98
Ingwer
Ananas-Geflügel-Schichtsalat mit süß-saurer Sauce 133
Bauernfrühstück oriental 69
Bratwurst mit Zucchini-Chutney 103
Chai-Schoko-Pudding 115
Curry-Gemüse-Omelett 109
Frische Erbsensuppe Punjab-Style 112
Garnelen-Pfanne pakistanisch 105
Gebratene Jerk-Semmelknödel 150
Gefüllte Paprikaschoten Dak Dori Tang 135

Gemüse-Fleisch-Pfanne mit Yin-Yang-Sauce 121
Quatre-épices-Kasseler mit Sauerkraut 31
Spaghetti mit Asia-Bolognese 125
Süßkartoffelsuppe mit Sternanis 138
Szechuanschnitzel 124
Tandoori-Hähnchen-Nuggets 107
Tom-Kha-Gai-Hühnerfrikassee 123
Wraps Sushi-Style 139

K

Kaffee
Kaffee-Würzbutter 155
Kapern
Kartoffel-Brokkoli-Stampf alla puttanesca 21
Obazda al italia 27
Kardamom
Apfelkompott persisch 89
Bauernfrühstück oriental 69
Bohneneintopf Hawayij 72
Chai-Schoko-Pudding 115
Entenbrust mit Orangensauce 87
Garam-Masala-Eier 102
Kartoffelgratin mit Kardamom 79
Tikka-Tomatensalat 98
Zhug-Sandwich 71
Kokos
Garam-Masala-Eier 102
Kartoffelsalat Sri Lanka 97
Kokos-Chili-Fischstäbchen 108
Safranmilchreis 117
Tom-Kha-Gai-Hühnerfrikassee 123
Koriander
Baharat-Nudelpfanne mit Speck 73
Frische Erbsensuppe Punjab-Style 112
Garam-Masala-Eier 102
Gemüse-Fleisch-Pfanne mit Yin-Yang-Sauce 121
Kokos-Chili-Fischstäbchen 108
Lachscarpaccio mit Avocado 164

Zutatenregister

A

Ananas
Ananas-Geflügel-Schichtsalat mit süß-
saurer Sauce 133
Äpfel
Apfelgelee mit Calvados 37
Apfelkompott persisch 89
Apfel-Speck-Schmarren kroatisch 61
Griechisches Birchermüsli 65
Putenschaschlik mit Mole Poblano 147
Quatre-épices-Kasseler mit
Sauerkraut 31
Waldorfsalat mit Dukkah 81
Wasabi-scharfe Apfel-Möhren-Roh-
kost 134
Aprikosen
Frischkäsetorte auf sizilianische Art 39
Zatar-Schweinerollbraten 86
Avocado
Lachscarpaccio mit Avocado 164
Roter Heringssalat nach Salsa-Art 154
Spicy Avocado-Nudel-Auflauf 149
Zhug-Sandwich 71

B

Bananen
Obstsalat mit süßem Asia-Pesto 141
Blätterteig
Schnelle Schinkenquiche Asado 157
Blumenkohl
Blumenkohlsuppe mit Sesamsalz 128
Mixed Pickles mit Piment 165
Bohnen, grüne
Bohneneintopf Hawayij 72
Brokkoli
Gemüse-Fleisch-Pfanne mit Yin-Yang-
Sauce 121
Kartoffel-Brokkoli-Stampf 21

Brot
Armer Donau-Ritter 63
Balkanpizza 55
Eiersalat Marseiller Art 29
Blattsalat mit Panch-Phoron-
Croûtons 99
Lachsburger mit rumänischer Knob-
lauchsauce 60
Schlemmerfilet mit Chermoula 82
Strammer Pepe 24
Zhug-Sandwich 71

C, D

Champignons
Curry-Gemüse-Omelett 109
Indischgelbe Spätzlepfanne 95
Datteln, getrocknete
Bratwurst mit Zucchini-Chutney 103

E

Eier
Apfel-Speck-Schmarren kroatisch 61
Bauernfrühstück oriental 69
Curry-Gemüse-Omelett 109
Eiersalat Marseiller Art 29
Garam-Masala-Eier 102
Indischgelbe Spätzlepfanne 95
Kakaosplitter-Cantuccini 167
Lorbeer-Bratkartoffeln mit Krabben-
Rührei 45
Möhren-Sesam-Remoulade 77
Schnelle Schinkenquiche Asado 157
Spicy Avocado-Nudel-Auflauf 149
Ente
Entenbrust mit Orangensauce 87
Erbsen
Frische Erbsensuppe Punjab-Style 112
Garnelen-Pfanne pakistanisch 105
Karibisches Erbsenrisotto 151
Tom-Kha-Gai-Hühnerfrikassee 123

Erdbeeren
Safranmilchreis 117

F

Feigen
Blattsalat mit Feigen und Honig-Kreuz-
kümmel-Vinaigrette 83
Fisch
Garnelen-Pfanne pakistanisch 105
Kabeljaufilet mit Kartoffel-Kürbis-
Skordalia 57
Kartoffel-Brokkoli-Stampf alla
puttanesca 21
Kokos-Chili-Fischstäbchen 108
Kümmel-Bratfisch mit Rahm-
Kohlrabi 53
Lachsburger mit rumänischer Knob-
lauchsauce 60
Lachscarpaccio mit Avocado 164
Roter Heringssalat nach Salsa-Art 154
Schlemmerfilet mit Chermoula 82
Thunfischpizza mit Korea-Aromen 131
Wraps Sushi-Style 139
Frischkäse
Frischkäsetorte auf sizilianische Art 39
Garam-Masala-Eier 102
Karibisches Erbsenrisotto 151
Obazda al italia 27
Ofengemüse mit mediterranem Dip 20
Salat mit Himbeeren und Angostura-
Vinaigrette 159
Salatwrap Prosciutto 19
Schnelle Schinkenquiche Asado 157
Wraps Sushi-Style 139
Frühlingszwiebeln
Bauernfrühstück oriental 69
Eiersalat Marseiller Art 29
Gefüllte Paprikaschoten Dak Dori
Tang 135
Indischgelbe Spätzlepfanne 95
Thunfischpizza mit Korea-Aromen 131
Tikka-Tomatensalat 98

IMPRESSUM

© 2014 Stiftung Warentest, Berlin

Stiftung Warentest
Lützowplatz 11–13
10785 Berlin
Telefon 0 30/26 31–0
Fax 0 30/26 31–25 25
www.test.de
email@stiftung-warentest.de

USt.-IdNr.: DE136725570

Vorstand: Hubertus Primus
Weitere Mitglieder der Geschäftsleitung:
Dr. Holger Brackemann, Daniel Gläser

Programmleitung: Niclas Dewitz

Projektleitung/Lektorat: Friederike Krickel
Lektoratsassistenz: Florian Ringwald, Dr. Karsten Treber,
Katja Kluska
Korrektorat: Hartmut Schönfuß

Titel: Axel Raidt, Berlin, unter Verwendung
einer Illustration von Josephine Rank
Gestaltung, Art Direction, Layout: Josephine Rank, Berlin
Illustrationen: Josephine Rank, Berlin
Fotografien: Jörn Rynio, Hamburg
Foodstyling: Antje Küthe, Rainer Meidinger
Requisitenstyling: Michaela Suchy

Produktion: Vera Göring
Verlagsherstellung: Rita Brosius (Ltg.), Susanne Beeh
Litho: tiff.any, Berlin
Druck: Grafisches Centrum Cuno GmbH & Co. KG, Calbe

ISBN: 978-3-86851-413-1